대통령의 사람 쓰기

대통령의 사람 쓰기

누가 국가의 주역으로 선택받는가

초판 1쇄 발행	2022년 4월 25일

지은이	송국건
펴낸이	신현만
펴낸곳	㈜커리어케어

출판본부장	이강필
편집	심하은, 손성원
마케팅	정지안
디자인	김서영

등록	2014년 1월 22일 (제2008-000060호)
주소	서울시 강남구 테헤란로 87길 35 금강타워3, 5-8F
전화	02-2286-3963(편집) / 02-2286-3980(영업)
팩스	02-6008-3980
홈페이지	www.saykorea.co.kr
인스타그램	instagram.com/saykoreabooks
트위터	twitter.com/saykoreabooks
블로그	blog.naver.com/saykoreabooks

© 커리어케어

ISBN   979-11-977345-2-6 03340

SAY KOREA는 ㈜커리어케어의 출판브랜드입니다.
SAY KOREA는 저작권법을 준수하기 위해 노력하고 있습니다. 타인의 저작물을 참조한 경우 본문 또는 책의
말미에 출처를 명시하였습니다. 인용과 관련한 부분은 저작물 이용 신청 및 승인 절차를 진행하였으며, 누락된
경우 사후 승인 절차를 성실히 이행할 것입니다.

누가 국가의 주역으로
선택받는가

대통령의 사람 쓰기

송국건 지음

SAY KOREA

대통령의 인사권 행사는 큰 틀에서 두 갈래 경로로 진행된다. 공적 라인을 거치느냐, 아니면 사적 인맥을 통하느냐. 청와대 인사수석비서관실이 처음부터 인재 추천 기능을 가동했다면 '시스템 인사'다. 권력 주변이 천거해서 인사수석실로 밀어 넣었다면 '정실(情實) 인사'다.

시스템 인사는 소리가 나지 않는다. 인사 수요 발생→인사수석실 추천→민정수석실 검증→인사협의체 논의→대통령 재가까지 절차대로 착착 진행되는 까닭이다. 반면, 정실 인사는 요란하다. 큰 자리일수록 더욱 그렇다. 정권 이너서클 실세들이 파워 게임을 벌이는 과정에서 충돌하는 굉음이 국민에게도 들린다.

필자는 최장기 청와대 출입(10년)을 포함해 30여 년을 정치부 기자로 있었다. 그사이 파열음이 큰 인사 충돌의 드라마 같은 이면을 파헤치는 취재를 많이 했다. 논공행상부터 시작해 실세들끼리 자리다툼을 벌이면 청와대 인사 시스템은 무용지물이 되곤 했다. 그때마다 우리 정치는 후퇴를 거듭했다.

'대통령의 사람 쓰기'에 따라 우리 현대사가 얼마나 역동적으로 바뀌는지 직접 목격했기 때문에 기록으로 남겨둘 필요성을 느꼈다. 윤석열 정부 출범에 맞춰 과거 정권에서 벌어진 내부 인사 전쟁의 막전 막후를 공개함으로써 경각심을 일깨우고자 이 책을 쓴다.

윤석열 정부에선 대통령의 인사권 행사 방식이 크게 달라진다. 청와대를 국민에게 돌려주고 새 대통령 집무실 마련하는 공간 재배치에 그치지 않고 참모 시스템 자체를 바꾸었기 때문이다. 하지만 인사의 각 절차를 담당하는 부서의 명칭은 달라도 '인사 추천과 인사 검증의 분리'라는 큰 틀은 변함이 없다. 또 정치권 속성상 외곽 실세들의 대통령 인사권 개입이 하루아침에 없어질 리도 만무하다. 따라서 이 책에서 소개하는 과거 정부의 인사 패턴은 윤석열 정부에도 반면교사가 될 것이다.

이 책에서는 대통령이 사람을 고를 때 과연 어떠한 방법을 사용하는지 사례를 들어 설명한다. 청와대 인사 시스템 변천사와 현재 모습, 역대 정권별 인사 특징, 대통령 인사권을 뒤흔든 실세들의 논공행상 전쟁 막전 막후, 대통령 인사권 오·남용의 적나라한 실태, 역대 정부의 시스템 인사 방안, 윤석열 정부의 새로운 인사 실험 순서로 이야기를 풀었다. '국가인재DB' '존안자료' '자기 검증서' 같은 생경한 용어도 등장한다.

취재를 하면서 전직 청와대 인사 참모들로부터 깊숙한 얘기를 전해 듣고 소중한 자료도 전달받았다. 실명은 밝히지 않기로 했다. 그런 약속이 있어야 알찬 내용을 취재할 수 있기 때문이다. 청와대에서 했던 일은 절대 입 밖에 내지 않겠다며 인터뷰를 사양한 참모도 있었다.

부족한 부분은 대통령 비서실에 근무했던 옛 취재원들과 청와대를 출입했던 선후배 동료 기자들의 도움을 받았다. 특히 청와대 인사 시스템을 파악하고 비화를 발굴하기 위해 수없이 많은 토론을 하고 자료도 수집해준 선배 최병묵 전 월간조선 편집장과 후배 김경국 전 국제신문 서울본부장(청와대 출입기자)에게 깊은 고마움을 표한다. 책의 완성도를

높이기 위해 쓴소리를 마다하지 않으며 애써준 SAYKOREA 여러분께
도 감사드린다.

2022년 4월 멀리 청와대가 보이는 태평로 프레스센터에서

송국건

차례

3부 시스템 오작동을 불러오는 요인들

4부 차기 정권에는 누가 국가의 주역이 될까?

5부 한국 현대사를 바꾼 대통령의 인사 하이라이트 10장면

　여기, 요즘 '모처'에서 걸려올 전화를 애타게 기다리고 있는 세 사람이 있다. 편의상 우리는 그들을 A씨, B씨, C씨라 부르기로 하자.

　먼저 사기업 임원 출신인 A씨. 그는 정부산하기관의 고위 공직자를 꿈꾸고 있다. 그가 공직 진출을 위해 알아본 바에 따르면, 대통령이 직접 임명하는 정부 부처 장·차관급과 공공기관 고위 임원 자리는 140여 개다. 언감생심 장·차관은 A씨가 노리는 직위가 아니다. 그는 소박한 사람이다. 그저 정부산하기관의 '괜찮은 자리'에 앉아 기업에서 쌓은 자신의 전문 지식을 발휘해보고 싶을 뿐이다. 그렇다고 꼭 그 직위만 생각하고 있다는 얘기는 아니다. 혹시 아는가, 그 자리를 발판으로 또 다른 자리로 올라갈 수 있을지.

　정부 부처 고위공무원과 산하기관 임원 등을 포함해 '대통령실(옛 청와대 비서실)의 의중이 반영되는 자리'는 1만 8천 개 이상이다. 아마 이 중에는 대통령이 어느 자리에 누가 앉아 있는지 기억 못 하는 곳도 상당수일 것이다. 그가 원하는 곳은 바로 이런 자리다. 공적 라인인 인사수석실, 비선 라인인 실세 그룹, 대선캠프의 핵심 참모진 등이 뽑는 '정권과 함께 일할 사람' 자리가 내 차례까지 올 수 없다는 것을 짐작 못할 정도로 세정 물정 모르진 않는다.

힘깨나 쓰는 사람을 통해 줄을 대보려는 일은 몇 차례 시도 뒤에 접었다. 그리고 정면 승부를 걸기로 했다. 인사혁신처의 '국가 인재 DB 국민추천제'를 활용하기로 한 것이다. 관가나 정가에 이렇다 할 인맥이 없는 그가 공직에 진입할 수 있는 유일한 길은 공적 인사시스템 외에 방법이 없었다.

국민추천제는 본인 스스로 혹은 제3자가 주변의 참신하고 능력 있는 인재를 추천하면 인사혁신처가 적합성을 검토해 국가 인재 DB에 등록하고, 분야별 전문가로 관리하는 제도다. 모두 31개 전문 분야별로 인재풀을 등록해 관리하는데, 매월 중점 분야를 정해서 학회, 협회, 연구기관 등에 홍보자료를 발송하거나 방문 설명을 한다.

A씨는 국민추천 방식 중 '나를 추천합니다'를 선택했다. 이 경우 '직위로 추천'과 '전문 분야로 추천' 중 하나를 선택해야 하는데, 그는 '전문 분야 추천'으로 국가 인재 DB에 이름을 올렸다. 이제 A씨는 수시로 공지되는 개방형 직위 공모에 응할 자격이 생긴 것이다.

그러나 그의 공직행에는 여전히 험난한 과정이 남아 있다. 청와대 인사수석실이 국가 인재 DB에만 의존하는 건 아니기 때문이다. 국민추천제의 추천 직위 중 정무직, 공공기관장 및 임원, 정부위원회 위원 등이 대통령의 인사권 범위 안에 있는 것은 맞다. 문제는 청와대의 관련 분야 수석비서관실이나 관계 부처 장·차관실, 여당 등으로부터도 추천이 쏟아진다는 점. 게다가 공적 라인이 아닌 비선 라인에서도 여러 갈래로 천거가 들어온다. 이렇게 줄을 타고 추천받은 사람의 정확한 인적 사항 역시 국가 인재 DB에 A씨와 같이 올라와 있는데, 자신의 순서가 어디쯤인지는 짐작도 되지 않는다. 운 좋게 후보자 압축 단계에 포함돼도 인사수석실 추천 → 민정수석실 검증 → 인사협의체 논의 및 의결 → 대통령 재가 단계를 거쳐야 한다.

대통령의 인사권 행사 범위 안에서 A씨의 전문 분야와 관련된 수요가 생기면 인사수석실의 검토 대상에 오른다. 다만 처음 5~6배수 안에 들더라도 인사협의체 논의 단계까지 올라가려면 고도의 전문성을 갖춰야 한다. 그게 아니면 결국 돌고 돌아 정권 실력자의 힘을 빌려야 한다. A씨 경쟁자들도 대통령의 인사 참모진에 영향을 미칠 수 있는 실세에게 줄을 대기 위해 모든 인맥을 총동원하고 있을 것이다. 그의 마음은 바쁘다.

정부 중앙 부처의 현직 국장급 관료인 B씨는 정권 교체기를 틈타 좀더 미래를 도모할 수 있는 자리로 가기 위해 종일 전화를 끼고 산다. 그는 차관급 승진의 필수 코스인 청와대 파견근무를 위해 뛰는 중이다.

B씨는 장·차관급 정무직에 진출할 직급이 아니다. 당연히 대통령이 직접 인사권을 행사하는 대상은 아니다. 대신 350개 이상인 '장관이 임명하되 대통령 영향이 미치는 자리'(정부 부처 실·국장급)에 해당하므로, 정권 실력자가 도와주면 좋은 보직을 받을 수 있다. 특히 실·국장 보직 배치는 소속 부처 장관의 법적 권한이지만 실제론 인사수석실이 일일

이 챙긴다. 공직사회에서 '장관을 허수아비로 만드는 관행'이란 지적이 많아 윤석열 정부가 개선을 약속한 대목이기도 하다.

그동안 그는 여러 형태의 당정협의회에 참석하면서 정치권 사람들과 긴밀한 관계를 유지해왔다. 이번에는 그 끈을 한번 제대로 써볼 작정이다. 공적 라인을 통해 공직 진입을 시도하는 A씨와 달리 아예 처음부터 실세 그룹의 지원에 기대는 '비선 의존형'이랄까.

B씨는 이전 어느 정권 때에도 다른 자리를 놓고 같은 시도를 한 적이 있다. 당시는 관행에 따라 대통령의 영향이 미칠 때여서 청와대에 선이 닿는 정치권 인사를 물색했다. 그와 비슷한 삶의 궤적을 지닌 '늘공'(직업 공무원)은 대개 공직 생활을 하면서 맺었던 인연뿐만 아니라 학연, 혈연, 지연을 통해 한두 명 정도와 연결된 끈이 있기 마련. 그가 이번에 시도하는 연결 끈은 고교 동문이다. 선배들의 경험을 통해 확인한, 가장 확실하면서 효과적인 방법이다. 역대 정권마다 대통령이 졸업한 특정 고교 출신들이 정부 요직 곳곳에 포진했던 건 서로 밀어주고 당겨주는 일이 반복됐기 때문 아니던가. 당사자의 자질이 현저히 떨어지지 않는다면, 사적 인연이 대통령의 포괄적 인사권 행사에 깊이 작용한다는 사실을 그는 잘 알고 있다.

사실 승진이나 보직 이동이 필요한 공무원인 B씨뿐 아니라 일반인 중에서도 대통령의 인사권이 미치는 청와대나 공공기관에 들어가기 위해 갖은 방법을 동원해 비선 실세들과 접촉한다는 것은 비밀도 아니다. 실세의 친지 결혼식 참석 같은 동선을 파악해 기다리다가 우연히 조우한 것처럼 가장해 인사 청탁을 하거나, 아예 신상명세서를 건네주기도 한다. 점심이나 저녁 식사 시간에 실세의 단골 식당을 자주 찾아가 복도에서 마주칠 기회를 노리는 사람들도 있다. 어떻게든 사적인 자리를 만든 다음 경쟁자의 '은밀한 비밀'을 넌지시 던짐으로써 기세를 잡는 방법도 있다. B씨도 간간이 구사해왔던 작전이다.

이런 노력(?) 없이 권력층 편입에 성공하기는 매우 어렵다. 대통령이 임명하는 공공기관 고위직의 경우 대부분 공모 절차를 거치는데, 통상 뽑을 사람을 정해놓고 형식적으로만 공모 공고를 내는 경우가 허다하다. 내막을 모르고 자신이 적임자라고 판단해 서류를 낸 지원자는 '들러리'만 선다. 심지어 부처 산하기관의 간부를 공모할 때 미리 청와대가 낙점한 지원자에게 부처 공무원들이 면접에서 물어볼 예상 질문서와 적절한 답변서를 통째로 넘겨준 사례가 드러난 적도 있었다. '이번엔 일이 어그러지면 안 되는데…….' 그는 요즘 초조하다.

국회의원 보좌관 생활을 오래 한 C씨는 대선캠프에서 활동한 뒤 '논공행상'의 대상이 되는 가장 확실한 방법을 택했다. 새 정부가 들어서면서 공공기관 진입을 시도한 것이다. 이전에 보수정당 대선후보 캠프에서 활동한 뒤 청와대 행정관을 지낸 경험이 있기에 이번엔 임기가 보장되는 공공기관 임원 자리를 노리는 중이다.

정권 출범 때 요직을 차지하기 위해선 필수 코스가 있다. 대선캠프의 어느 자리든지 맡아 일해야 하고, 선거에서 이기면 대통령직인수위원회에 적을 두어야 한다. 선거 때는 각 캠프마다 각종 위원회의 '특보' 명함이 많게는 수십만 장씩 뿌려진다. 그런 영양가 없는 명함보다는 중앙선대위(혹은 선대본부)의 공식 체계 안에 이름을 올려야 제대로 된 논공행상 대상에 들 수 있다. C씨는 일단 선대본부의 한 하부조직에 포함되는 데 성공했다. 내 후보가 선거에 이겼으니 다음 단계는 인수위 진입이다.

그러나 인수위는 문이 좁다. 법정 인수위원은 24명인데, 대부분 현역 국회의원이나 각계 전문가들이 포진해 있다. 그들 중 상당수가 초대 내각이나 대통령 참모로 진출한다. 인수위원회에는 인수위원 외에 전문위원, 실무위원이 있다. 모두 합치면 180명 규모다. 여기에 포함되면 논공행상에서 절대 유리해진다. C씨는 180명 안에 들지 못했다. 그러나 포기하지 않는다.

정권이 출범한 뒤에도 몇 개월 동안은 여러 자리에 대한 인사가 일어난다. 이 기간에 C씨를 포함해 정권 창출에 일조했다고 자부하는 사람들은 '대통령의 사람 쓰기'에 개입할 수 있는 실세들에게 선거 당시 자신의 역할을 부각하는 데 총력을 다한다. 후보가 대통령에 당선되기까지 본인이 얼마나 노력했는지 보여주기 위해 후보자와 찍은 사진 등을 앨범으로 만들어 건네기도 한다. 워낙 그런 사람이 많아 실세들은 휴대전화를 꺼놓기도 하지만 극성파들은 실세 집 앞에서 장사진을 친다.

선거가 끝나고 새로운 정권이 출범하면 대대적인 인적 물갈이가 일어난다. 대통령비서실, 내각 같은 알짜 자리부터 공공기관 임원, 부처 산하기관, 각종 위원회 등에서 엄청난 인사 수요가 발생하는 까닭이다. 과거 한 차례 논공행상의 수혜를 받은 경험이 있는 C씨는 나름대로 '특별한' 방법을 썼다. 자신이 가고 싶은 곳을 1, 2, 3순위로 찍어서 인수위에 발을 걸친, 모시던 국회의원에게 전달한 것이다. 새 정부 출범과 함께 생기는 엄청난 수의 자리를 대통령의 인사 참모들도 일일이 파악하기 어려운 점에 착안한 묘수다.

순위를 정하기 위해서는 각 공공기관 임원 현황을 모두 파악하고 남은 임기를 계산하는 노력이 필요하다. 공공기관 중에는 일반인들에게 낯선 업무를 하는 곳도 즐비하다. C씨는 "지금부터 열심히 파악해야 '대기표'라도 받아서 대통령 임기 도중 공공기관에 진출할 수 있다"고 했다. 하지만 실세들과 각별한 친분이 있고 길을 잘 아는 사람들은 정권 임기 중반에 자리 갈아타기를 하며 5년 모두 채우는 경우도 흔하다. 심지어 진보정권이 보수정권으로 바뀌었지만 두 정부에서 각각 공공기관 감사를 맡은 인물도 있다. 별것 아닌 것으로 보이는 1, 2, 3순위를 짜는 일이 '특별한' 이유다.

1부

대통령은 어떻게
인재를 뽑을까?

1장
기업과 닮은 듯 다른
대통령의 헤드헌팅

'인사(人事)'의 정의가 '관리나 직원의 임용, 해임, 평가 등과 관계되는 행정적인 일'이라 할 때 기업에서 인사의 기본은 업무 능력을 따지는 것이다. 조직의 이윤 창출에 얼마나 기여할지를 집중적으로 볼 수밖에 없다. 간혹 오너나 고위 임원의 정실이 개입하거나 학연·혈연·지연이 작용하지만 전체 틀을 흔들 정도는 아니다.

대통령은 다르다. 인사 대상 개인의 능력과 전문성도 중요하지만, 사회 전반의 다양한 요구에 발맞추려면 여러 가지 요소를 감안해야 한다. 출신 지역이나 학교의 균형은 물론이고 정치 성향, 성장 배경, 조직 내부 평판 등 검토할 사항이 상당히 많다. 소외계층을 위한 배려도 필요하다. 통치권 차원에선 후계 그룹을 육성하기 위해 정권 연장에 필요한 인물을 찾아내 경력 관리도 시켜야 한다. 따라서 대통령의 인사권 행사는 정치공학적 종합예술에 가까운 사람 쓰기라 할 수 있다.

기업도 혜안이 있는 CEO가 사람을 잘 쓰면 흑자를 내고 그러지 못하면 적자를 낸다. 대통령은 사람을 잘 쓰면 헌법에 규정된 국민과의 약속을 지킬 수 있지만 그러지 못하면 탄핵까지 당할 수 있다.

대통령의 인사권 행사도 큰 줄기에선 기업체 CEO와 다르지 않지만 몇 가지 특성이 있다. 첫째, 다양한 경로를 통해 적임자를 천거받는다. 둘째, 국가 시스템을 통한 검증 과정을 거친다. 셋째, 고위직은 외부 기관(국회 인사청문회)과 언론의 검증도 받는다. 넷째, 실패한 인사는 인사권자뿐 아니라 국민에게까지 타격을 준다.

기업체의 헤드헌팅이 '수요 발생 → (발주/수주) → 인재 발굴 → 인사 부서에 추천 → 검증 → 채용'의 과정을 거친다면, 대통령의 인사는 '수요 발생 → 인재 발굴 → 인사추천위원회에 추천 → 검증 → 공식 임명' 과정을 밟는다. 인재 발굴 과정에선 인사혁신처의 인사 DB와 비공식 '존안(存案)자료'를 활용한다.

장관급 이상 공직자는 검증 후 국회의 인사청문회도 통과해야 한다. 물론 본회의 표결이 필요 없는 자리의 경우 인사청문회 문턱을 못 넘어도 대통령이 임명하면 그만이다.

우리나라는 보수에서 진보 혹은 진보에서 보수정권으로 바뀔 때 국정 업무 인수인계가 제대로 안 되는 편이다. 이 때문에 새로 들어선 정부는 전임 정부의 인사 노하우를 활용하기 어려운 구조다. 일부러 피하는 경우도 있다. 새 정권이 전 정권과 다양한 분야에서 차별화를 시도하는 데다 대통령마다 인사 스타일도 다르기 때문이다.

그래서 각 정권마다 수차례 시행착오를 거친 뒤 임기 후반에야 나름대로 인사 매뉴얼을 완성하는데, 그 노하우가 다음 정권으로 잘 이어지지 않기 때문에 시행착오가 되풀이된다.

| 헌법과 법률에 명시된 대통령의 인사권 |

대통령의 인사권은 대한민국 헌법과 법률 곳곳에 명문화돼 있다. 국가를 제대로 이끌기 위한 권리이자 의무인 셈이다.

헌법 제78조는 '대통령은 헌법과 법률이 정하는 바에 의하여 공무원을 임면한다'고 규정돼 있다. 국가공무원을 임명하거나 해임하는 '임면권'을 대통령에게 부여했다. 다만 '헌법과 법률이 정하는 바에 의하여'란 단서를 붙여 인사권의 오·남용을 방지하는 장치를 뒀다.

헌법 제86조 1항은 '국무총리는 국회의 동의를 얻어 대통령이 임명한다'고 명시한다. 대통령의 총리 임명권을 언급한 법 조항은 이 한 줄이 유일하다. '국회의 동의' 외에 총리를 임명하는 데 어떤 조건도 없다. 순전히 대통령의 정무적 판단에 따라 국정 운영 '2인자'를 골라야 한다.

헌법 제87조 1항은 '국무위원은 국무총리의 제청으로 대통령이 임명한다'고 돼 있다. 그러나 국무총리의 제청권은 요식적 절차일 뿐 제청권도 사실상 대통령에게 있다. 총리 제청서 서식도 아예 없다가 노무현 정부에서 처음 만들었다. 간혹 실제로 제청권을 행사한 '책임총리'(노무현 정부 이해찬 등)가 있었다고 하지만 대통령이 반대하는 장관을 천거한 적은 없었다고 봐도 무방하다. '책임총리'라는 용어 자체가 법령에 없다.

헌법 제87조 3항은 '국무총리는 국무위원의 해임을 대통령에게 건의할 수 있다'고 규정한다. 하지만 총리의 해임건의권도 형식상 절차에 불과하다. 현실에선 대부분 대통령이 '알아서' 판단하고 해임한다.

헌법 제94조 1항은 '행정 각부의 장은 국무위원 중에서 국무총리의 제청으로 대통령이 임명한다'고 명시한다. 국무위원은 각 부처 장관을 중심으로 꾸려지므로 제87조 1항과 같은 맥락이다.

헌법 제98조 2항은 '감사원장은 국회의 동의를 얻어 대통령이 임명한다', 3항은 '감사위원은 원장의 제청으로 대통령이 임명한다'고 규정한다.

헌법 제104조 1항은 '대법원장은 국회의 동의를 얻어 대통령이 임명한다', 2항은 '대법관은 대법원장의 제청으로 국회의 동의를 얻어 대통령이 임명한다'고 돼 있다.

헌법 제111조 2항은 '헌법재판소는 법관의 자격을 가진 9인의 재판관으로 구성하며, 재판관은 대통령이 임명한다', 4항은 '헌법재판소의 장(長)은 국회의 동의를 얻어 재판관 중에서 대통령이 임명한다'고 명기한다.

헌법 제114조 2항은 '중앙선거관리위원회는 대통령이 임명하는 3인, 국회에서 선출하는 3인과 대법원장이 지명하는 3인의 위원으로 구성한다. 위원장은 위원 중에서 호선한다'고 규정한다. 선관위원장은 선관위원들의 '호선'에 의해서 결정된다고 하지만 관례상 선관위원으로 들어가는 현직 대법관이 선관위원장으로 선출되는 만큼 사실상 대통령이 좌우할 수 있다.

각종 법률에도 곳곳에 대통령의 인사권에 관한 규정이 있다. '대통령령'에 따라 직접 관여할 수 있는 조항도 있고, 인사권이 있는 장관(기관장)을 대통령이 임명하므로 간접 관여할 수 있는 조항도 있다.

국가공무원법, 대통령직인수법, 인사청문회법, 감사원법, 법원조직법, 헌법재판소법 등에도 대통령의 인사권이 다양한 형태로 명시돼 있다.

2장

대통령이 임명하는 자리가
1만 8천 개?

대통령이 인사권을 행사하는 자리는 몇 개일까. 놀랍게도 딱히 정해진 규정이나 원칙이 없다. 어떤 법률이나 행정명령 등에 근거한 숫자를 명확하게 규정해놓지 못할 정도로 무원칙에 불투명한 마구잡이식 인사가 이뤄지고 있는 셈이다. 심지어 전임 정부가 새 정부에 업무를 인수인계할 때 대통령의 인사권을 어떤 기준에 의해 어느 범위까지 행사했다는 체계적인 기록을 넘겨주지 않은 경우도 있다.

학자들은 접근한 시각에 따라, 청와대 참모 출신들은 보좌했던 대통령의 스타일에 따라 조금씩 다른 얘기를 하지만, 현실적으로 대통령이 직접 행사하는 인사권은 1천 개가 넘는다. 여기엔 국무총리와 장·차관, 청와대 비서실장과 수석비서관 등 참모, 경호처장과 간부들, 공기업 사장, 정부산하기관장 등도 포함된다.

행정부뿐 아니라 사법부, 헌법재판소, 중앙선관위 등 헌법기관도 대통령의 인사 영향권 안에 있다. 유일하게 입법부가 제외되는데, 큰 틀에서 보면 국회의장이나 부의장, 상임위원장 인선에도 대통령의 뜻이 작용할 수 있다.

대통령이 임용권을 행사해도 직접적인 인사권을 행사하는 자리가 있고, 총리나 장관에게 위임하고 추인만 하는 자리가 따로 있다. 직접적이고도 실질적인 인사권을 행사하는 직위는 대법원장 및 대법관 13개, 헌법재판소 재판관 중 3개, 중앙선관위원 3개, 행정부 장·차관 등 정무직 140개 안팎, 공공기관 임원 150여 개가량을 합쳐 300개 이상이다.

다만 이 중에도 국회의 견제를 받거나 동의가 필요한 자리가 있다. 행정부 정무직 중 국무총리와 감사원장은 국회의 인준(투표)이 필요하며, 각 부처 장관과 장관급인 국가정보원장·검찰총장, 차관급인 국세청장·경찰청장은 국회 인사청문회를 거쳐야 한다.

행정부 공무원 중 검사·외무공무원·경찰공무원·소방공무원·군인·국정원 직원 등 특정직 공무원의 주요 직위는 일반적으로 관계부처가 청와대와 협의해 인사를 한다. 군은 합참의장과 육·해·공군 참모총장 등 100개 직위, 검찰은 검사장급 이상, 경찰은 치안감급 이상, 국정원은 부서장급 이상, 외무직은 공관장급 이상이 청와대와의 협의 대상이다.

행정부의 나머지 직위는 총리나 장관, 기관장 등에 임용권을 사실상 위임하고 있다. 일부 직위의 인사는 청와대 인사수석실과 협의하고 민정수석실의 검증을 거치기도 한다.

| 대통령의 인사권 행사 범위 |

인사 영역	인사 대상	인사 규모
대통령이 직접 임명하는 정부 부처	국무총리, 정부 부처 장관·차관급	140개 이상
대통령이 직접 임명하는 공공기관	공공기관의 장·임원·감사	200개 이상
장관이 임명하되 대통령 영향이 미치는 곳	정부 부처 국·실장급 등	350개 이상
대통령실의 의중이 반영되는 곳	고위공무원· 부처 산하기관 임원 등	1만 8천 개 이상(추정)

3장

존안자료와 국가인재DB: 나도 혹시 국가 핵심 인력?

역대 정부마다 조금씩 차이는 있지만 대체적인 대통령 인사권 행사 절차는 도식화할 수 있다. 대통령 보좌 시스템에 변화가 생긴 윤석열 정부도 큰 틀에선 문재인 정부의 아래 절차와 맥락을 같이한다.

① 청와대 인사수석실에서 인사 수요 발생을 파악한다. ② 인사수석실이 민정수석실 산하 공직기강비서관실에 인사 검증을 요청한다. ③ 공직기강비서관실이 당사자 동의하에 검증을 실시한다. ④ 인사 검증 결과를 인사수석실에 통보한다. ⑤ 대통령비서실장이 주재하는 인사추천위원회를 연다. ⑥ 비서실장이 인사추천위원회의 검토 결과를 대통령에게 보고한다. ⑦ 대통령이 재가하면 인사청문회 등 필요한 절차를 진행한다. ⑧ 대통령이 임명장을 수여한다.

| 대통령 인사권 행사 절차 |

노무현 정부								
인사 수요 발생	인사수석실		민정 수석실 (공직기강 비서관실)	인사 추천회의	대통령에 최종 보고	대통령의 재가	임명 절차 진행 (청문회 등)	임명
	(인재 DB, 추천 자료 활용) 예비후보 몇 배수 선정	직무 역량 평가 보고서 작성	인사 검증	최종후보 압축 후 정밀 검증				

문재인 정부 ▶ 장·차관, 공공기관장 포함 주요 공직자							
인사 수요 발생	인사 수석실	민정 수석실	인사 추천 회의	민정 수석실	대통령에 최종 후보군 보고	대통령의 확정· 재가	필요시 국회 인사청문회 등 절차 진행	인사 발표
	1차 후보자 5~6배 수 선정	약식 검증	3배수 압축	정밀 검증				

문재인 정부 ▶ 3급 이상 고위공무원, 공공기관 임원 등					
인 사 수 요 발 생	**장관·공공기관장**	**민정수석실**	검증 결과 해당 부처 (기관)에 통보	장관(기관장) 의 확정·재가	인 사 발 표
	후보자 추천	검증			

윤석열 정부						
인 사 수 요 발 생	**대통령실 인사 라인**	**대통령실 밖 사정 라인**	대통령에 최종 후보군 보고	대통령의 재가	임명 절차 진행	인 사 발 표
	예비후보 선정	예비후보 검증				

여러 갈래로 발생하는 인사 수요

인사 수요는 다양한 경우에 생긴다. 대선에서 승리한 후 대통령직인수위원회를 거쳐 정식 취임하면 전임 정권과는 별개로 완전히 새로운 인적 배치를 하게 된다. 국무총리를 비롯해 각 부처 장관들을 인선해 조각(組閣)을 하고 대통령비서실장을 비롯한 청와대 참모진을 먼저 짠 뒤 후속 인사를 순차적으로 진행한다.

대통령 임기 중에도 수시로 인사가 단행된다. 임기제 공직자의 기간 만료, 특정 공조직의 조직개편, 정기적인 인사이동, 개인 문제로 퇴직하는 고위공직자의 후임 인사 등 여러 사유로 청와대 인사 라인은 늘 긴장한다.

행정부 장관이나 청와대 수석급 이상 참모들은 철마다 대규모로 바뀌기도 한다. 대통령 취임 몇 주년이나 연말연시를 맞아 '분위기 쇄신용'이란 이름으로 개각이나 비서실 개편이 이뤄진다. 업무상 실책으로 원포인트 개각이나 참모진 교체가 단행되는 사례도 적지 않다. 때로는 인사수석실에서 고위공직자의 재임 기간 등을 파악해 "지금쯤 개각을 단행할 때가 됐다"고 선제적으로 건의하는 경우도 있다.

일단 이렇게 인사 수요가 생기면 어떤 자리에 무슨 능력을 갖춘 인물이 필요한지를 검토해야 한다. 인사 참모들은 먼저 각종 '인재 데이터베이스(DB)'를 뒤진다. 행정 각부나 청와대의 다른 부서, 여당이나 시민사회단체 등 외부의 추천도 받는다. 정권 주변 비선 라인을 통해 대통령이 직접 추천할 때도 있다.

국가인재DB

　대표적인 인재 DB는 인사혁신처의 '국가인재데이터베이스'(www.hrdb.go.kr)다. 공무원 및 사회 각 분야 전문가 인물 정보를 효율적으로 관리해, 정무직 등 국가 주요 직위 인선 시 전문가의 지식과 경험을 활용할 수 있도록 구축된 인물 정보 관리시스템이다.

　이곳에선 국민추천제도 운영한다. 추천 직위는 정무직(선거직 제외), 개방형 및 공모 직위, 책임운영기관장, 공공기관장 및 임원, 정부위원회 위원, 각급 기관 시험위원, 각종 선발심사위원회 및 후보추천위원회 위원 등이다.

　국가인재데이터베이스엔 학력, 경력, 자격 면허, 상훈, 저서, 논문 등 주요 직위 인재 추천에 필요한 객관적인 인물 정보 자료가 수록돼 있다. 1999년 처음 구축될 때는 인물 검색 기능이 있는 중앙일보 시스템 '조인스'와 협약을 맺어 기초 자료를 제공받았다고 한다. 현재 33만 명에 이르는 전문 인재 정보가 담겨 있다.

　인사수석실에선 이 방대한 자료를 토대로 수천 명 단위로 선별해 '핵심 인력' '중요 인력'으로 별도 분류해두고 있다. 또 '정무직 대상'과 '공공기관장 대상'으로 나누는 등 세밀한 관리를 한다.

| 국가인재데이터베이스 수록 대상 |

▶ '공공기관의 운영에 관한 법률'의 적용을 받는 공공기관의 기관장 및 임원

▶ '행정기관 소속 위원회의 설치·운영에 관한 법률'에 따른 위원회 위원

▶ 5급 이상 국가공무원, 4급 이상 지방공무원(여성은 5급 이상)

▶ 대학의 조교수 이상, 인문사회·과학기술 등 각 분야 연구 기관의 연구원, 박사학위 소지자

▶ 중견기업의 임원, 유망 중소기업('벤처기업 육성에 관한 특별조치법' 제2조에 따른 벤처기업 등)의 경영인

▶ 주요 협회, 단체 등의 임원급 이상에 해당하는 자

▶ 변호사·의사·건축사·공인회계사·공인노무사 등 전문 자격증 소지자

▶ 기술사, 대한민국 명장

▶ 문화·예술·체육 관련 국내외 입상자 및 훈·포상 수여자

▶ 긴급 구조 요원, 시민 단체 활동가, 국제기구 종사자 등 해당 분야에서 10년 이상의 경험을 보유한 자

▶ 사회 각 분야에서 뚜렷한 업적이나 성과를 거두어 국가의 위상 제고에 기여한 자

▶ 기타 인사혁신처장이 데이터베이스에 수록될 필요가 있다고 인정하는 자

출처: 인사혁신처 국가인재데이터베이스 홈페이지(https://www.hrdb.go.kr)

존안자료

'존안자료'도 총체적 의미의 인재 DB 가운데 하나다. 존안자료는 사전적 의미로는 '없애지 아니하고 보존하여 둔 자료'다. 보통 고위공직자 후보군에 대한 갖가지 정보들을 모아둔 대외비 파일을 뜻한다. 청와대 공직기강비서관실, 국정원, 군 정보 파트, 검찰, 경찰 등에 흩어져 있으며, 다른 부처의 파일을 청와대가 공유하고 있다.

과거엔 청와대 존안자료에 반드시 고위공직자 후보군만 포함된 것은 아니라는 데 문제가 있었다. 재계와 학계, 언론계, 시민사회단체의 인물들, 심지어 정치인에 대한 정보까지 망라한 자료도 존재했다.

주로 보수정권에서 존안자료에 대한 신뢰와 의존도가 강했고 진보정권은 가급적 멀리했다. 특히 노무현 대통령은 인사 추천이나 검증을 할 때 어떤 존안자료도 참고하지 말라고 엄명을 내렸다고 한다.

반면 노무현 정부를 이은 이명박 정부는 인사 과정에서 존안자료를 많이 참고했다. 박근혜 정부 출범 초기에 인사 사고가 일어났을 때 이 존안자료를 놓고 진실 공방이 벌어지기도 했다. 당시 박근혜 대통령 측에선 "청와대에 와보니 아무런 존안자료 같은 게 없었다. 그 상황에서 인사 수요가 늘어나는 바람에 한계가 있었다"고 해명했다. 그러자 이명박 정부 관계자는 즉각 "대통령 기록물로 지정하는 자료 외에 대부분의 인사 파일을 넘겼는데 이제 와서 민정 라인의 부실 검증 책임을 존안자료 부재에서 찾는 건 본질 왜곡이자 군색한 변명"이라고 받아쳤다.

존안자료는 5·16 직후 육군방첩부대가 최초로 만들었다고 한다. 당시 공직자뿐 아니라 재야인사, 교수, 언론인, 기업인까지 총망라됐다. 이후 앞서 언급한 여러 정보기관에서 저마다 존안자료를 만들었는데, 대부분은 인사 참고용이었지만 간혹 '민간인 사찰'에 악용되기도 했다. 또 민간인 사찰용으로 만든 자료가 인사 참고용이 되는 경우도 있었다.

존안자료는 특히 군사정권에서 '전가의 보도'처럼 다뤄졌다. 1980년 신군부가 들어서는 과정에서 전두환의 보안사령부가 중앙정보부를 접수할 때 가장 먼저 챙긴 게 존안자료였다고 한다. 이 파일은 전두환 정부에서 노태우 정부로 고스란히 인수인계됐다.

그러나 1992년 대선을 통해 김영삼 문민정부가 탄생하자 노태우 정부는 존안자료의 상당 부분을 파기한 채 새 정부에 넘겨줬다고 한다. 김영삼 정부는 노태우 정부에서 받은 파일을 업그레이드해서 활용하다가 1997년 김대중 정부에게 인계했다. 그때 김대중 대통령직인수위가 받은 존안자료는 5종이었고, 그중엔 청와대가 작성한 2,665명의 전·현직 1급 이상 고위공직자의 신상 자료가 포함됐다고 한다. 청와대 존안자료의 평가 항목은 신문의 프로필란과 비슷했다. 다만 직책이 높을수록 '충성도' '사상'이 주요 관찰 대상이었다.

그 시절 안기부 자료는 청와대 편집본보다 더 분량이 풍부했다. 특히 청와대 기록과 달리 '사생활' 쪽 부분이 강했다.

당시 김대중 대통령 당선인의 비서실장 김중권은 초기 인사를 발표하며 "이번 인선을 위해 청와대, 안기부, 검경 등의 존안자료를 참고했지만 전적으로 의존한 것은 아니며 본인과 관계자의 설명도 충분히 들었다"고 했다.

이전에 소문으로만 떠돌던 존안자료의 실체를 인정하는 첫 공개 발언이었다. 김중권이 "여자관계가 깨끗해야 하겠더라"고 한 말이 화제가 됐는데, 사생활이 인사 검증 과정에서 영향을 미쳤음을 시사한 대목이었다.

이후에도 존안자료 혹은 사찰보고서의 실체는 여러 차례 언론과 법원 등에 의해 공개된 바 있다. 과거 정보기관 사찰보고서의 경우 대상자의 신체 특이점부터 거주 형태, 동거인, 차량 종류 및 번호 등이 기본으로 담겨 있다. 여기에 그가 자주 접촉하는 사람, 최근에 사석에서 했던 말도 기록했다.

과거에는 이 사찰보고서가 인사철에 '인사 참고 파일'로 둔갑해 검증에 활용되곤 했다. 하지만 노무현, 문재인 정부를 거치면서 그런 폐습은 많이 사라졌다.

4장
대통령이 사람을 찾는
방법과 절차

대통령의 인사권 행사를 전담해 보좌할 참모가 필요하다는 의견은 2000년대 들어서면서 학계에서 먼저 제기됐다. 당시 대통령의 인사 업무를 제대로 수행하려면 인력만 해도 어지간한 정부 기관 규모가 필요하다는 얘기가 나왔다. 미국 백악관 대통령 인사처(PPO)의 경우 직원 규모가 100명 이상이기 때문이다. 그러나 현실적으론 직원 10여 명 규모인 대통령비서실 산하의 한 부서로 자리 잡게 됐다.

김대중 정부까지는 민정수석실 산하 공직기강비서관실에서 인사 업무를 총괄했다. 인사 추천과 검증이 한곳에서 이뤄진 셈이다. 추천을 한 쪽이 '셀프 검증'을 하면 아무래도 소홀할 수밖에 없다. 그런 주먹구구식 인사를 시스템화한 것은 2003년 2월 출범한 노무현 정부다.

인사 추천과 검증을 분리한 노무현 정부

노무현 대통령은 당선인 시절 대통령직인수위 단계에서 '인사보좌관' 직제를 만들었다. 인사보좌관은 역대 정부를 통틀어 대통령 인사만 전담하는 첫 기구다. 이전엔 대통령과 최측근 실세 몇몇이 모여 인사를 결정했다.

첫 인사보좌관에는 광주 YMCA 사무총장 정찬용이 발탁됐다. 중앙의 정·관가에 전혀 이름이 알려지지 않았던 정찬용은 광주·전남과 경남 거창에서 시민운동에 전념하고 있었다. 당시 노무현 당선인은 "나는 정치적으로 경제적으로 크게 빚진 게 별로 없다. 확인해보니 정찬용도 남한테 외상 많이 깔고 다니는 사람은 아니라고 들었다. 밥상 차려놓으면 자기 밥그릇만 챙기는 사람은 아닌 것 같다. 그게 발탁한 이유다"라고 했다. '외상'은 '정실'을 비유하는 말로, 사람에게 외상이 있으면 조직 안의 업무 배치를 사사로운 의리나 인정에 끌려 하게 된다는 뜻이었다.

그렇다고 두 사람이 인연이 없는 건 아니었다. 인권변호사 노무현은 1985년 여름 경남 거창에서 노동자를 위한 1박 2일 캠프를 열었는데, 거창 YMCA 총무이자 농민운동가인 정찬용을 강사로 초빙했다. 노무현은 1992년 총선에서 낙선했는데, 이번에는 정찬용이 그를 초청해 '지역 구도 타파'와 '지역 균형 발전'을 주제로 강연을 요청했다. 정찬용이 광주에서 누리문화재단을 이끌며 시민운동을 할 때다. 간혹 언론에서 고위공직자 인사를 보도하면서 "대통령과 일면식도 없는" 인물이 전격 발탁됐다고 쓰는데, 사실 이 정도의 인연은 있는 경우가 많다.

초기 인사보좌관실을 둘러싼 혼선도 있었다. 노무현 대통령은 인사보좌관실을 소규모로 꾸리되 중앙인사위원회(현 인사혁신처)의 협조를 받는 구도를 그렸다. 인사보좌관이 중앙인사위원회 부위원장이나 사무처장을 겸직하도록 해, 중앙인사위원회를 통해 청와대의 인사 혁신 노력을 공직사회에 널리 전파한다는 구상이었다. 하지만 이런 겸직은 중앙인사위원회의 정치적 중립 보장 원칙을 훼손할 수 있다는 지적이 제기됐다. 애초부터 청와대 인사보좌관은 정무직 인사를 전담하는 데 비해 중앙인사위원회는 직업공무원 인사를 관장한다는 한계가 있었다. 결국 겸직 구상은 접었고, 이후 두 기관의 업무 분담이 명확해졌다.

앞에서 살펴본 대로 대통령의 인사권 행사는 헌법과 법률에 보장된 권한 외에도 그 범위가 광범위하다. 따라서 이를 전담 보좌하는 인사보좌관실의 업무영역도 넓히기에 따라서는 거의 무한대에 가까울 수 있었다. 매주 열린 인사추천회의에 올려야 하는 인사안만 해도 10건 안팎에 달했다고 한다. 하지만 인사보좌관실의 총원은 5명이었다. 차관급인 보좌관과 1급 비서관 각 1명, 행정관 3명이 전부였다. 결국 노무현 대통령은 2003년 12월에 청와대 직제를 개편하면서 인사보좌관실을 인사수석실로 격상했다.

이때부터 추천과 검증 기능이 각각 인사수석실과 민정수석실로 분리됐다. 상호 견제가 가능해졌지만 두 조직이 의견 충돌로 대립하거나, 거꾸로 담합할 수도 있었다. 이를 방지하기 위해선 인사와 민정 라인 외의 대통령 참모들이 참여하는 별도의 기구가 필요했다. 그래서 설치된 조직이 '인사추천회의'다.

대통령 인사를 보좌하는 협의체 신설

노무현 대통령은 취임 직후인 2003년 3월 수석·보좌관회의에서 '인사추천회의' 설치를 지시했다. 초기엔 임의 기구로 운영되다가 대통령비서실 훈령으로 '인사추천회의 운영규정'을 제정해 법적 근거를 마련했다. 대통령비서실장을 위원장으로, 정책실장과 정무·민정·인사·홍보수석 등을 포함한 관련 수석들이 위원으로 참여했다.

비서실장이 주재하는 회의엔 인사수석실에서 올린 추천안과 민정수석실 산하 공직기강비서관실에서 작성한 검증안이 기본 자료로 배부됐다. 먼저 인사수석이 해당 직위의 현황과 당면 과제, 각 후보별 역량 평가 결과를 보고했다. 이어 민정수석이 인사 검증 결과를 설명한 후 참석자들의 토론이 벌어졌다. 심의 대상은 차관급 이상 정무직과 그에 상당하는 직위, 대통령이 임명하는 공공기관 직위, 대통령이 임명 또는 위촉하는 정부위원회 위원 등이었다. 해당 분야에 대한 정보와 전문성이 필요한 국방·금융·문화예술 분야 등의 인사는 별도 소위원회에서 심의할 수 있도록 했다.

노무현 정부 청와대에선 매주 목요일 오후 2시 10분에 정례적으로 인사추천회의를 열었다. 회의가 소집되기 전 안건을 미리 공개해 언제 어떤 자리의 인사가 논의되는지 알 수 있도록 했다. 인사추천회의에서 결정된 내용을 대통령이 재가하면 시스템 인사는 마무리된다. 노무현 정부의 이런 시스템은 크고 작은 변화를 겪으며 이명박, 박근혜, 문재인 정부로 이어졌다.

비서실장을 위원장으로 하는 문재인 정부 인사추천위원회에는 정책실장, 안보실장, 인사수석(간사)·정무수석·민정수석·국민소통수석·국정상황실장·총무비서관이 상시 참석했다. 검증 대상에 따라 관련 수석이 합류하기도 했다. 가령 경제부처 장관 검증이면 경제수석이 의견을 개진하는 식이다.

이때 인사추천위원회에선 인사수석실의 후보자 추천 의견과 민정수석실의 검증 의견, 추천위원들이 개인적으로 수집한 정보들을 종합해 심도 있는 토론을 벌인다. 이 과정에서 장·차관과 공공기관장을 포함한 주요 공직자의 경우 인사수석실에서 추린 5~6배수의 후보군이 3배수로 압축된다. 이후 민정수석실의 정밀 검증을 거쳐 대통령에게 최종 후보군으로 보고되고, 대통령이 한 명을 확정한다.

대통령은 인사추천위원회(인사추천회의·인사위원회 포함)가 올린 인사안을 거의 그대로 받아들이지만, 최종 재가 단계에서 탈락하는 사례도 없지 않았다. 인사추천위원회의 결론이 뒤바뀌는 경우는 주로 경쟁이 치열한 장관급 이상이나 핵심 권력기관장 자리에서 간혹 있었다.

| 청와대 인사협의체의 명칭 변화 |

노무현 정부	이명박 정부	박근혜 정부	문재인 정부
인사추천회의	인사추천위원회	인사위원회	인사추천위원회

대통령이 참모들은 모르는 인사 대상자의 단점을 알고 있으면 당연히 원점에서 재검토된다. 또 인사 추천과 검증이 진행 중인 걸 알 만한 위치에 있는 실력자가 자기 사람을 끼워 넣기 위해 기존 인사 대상자의 약점을 파악해 청와대 관련 부서에 투서할 수도 있다.

간혹 참모진이 대통령의 의중을 미리 알아차리고 '맞춤형'으로 최종 후보자를 정해 올리기도 한다. 검토 대상자 중에 대통령과 각별한 관계가 있는 인물이 포함돼 있는 경우다. 특정 자리에 욕심이 있는 인물이 대통령과 '직거래'를 하면 인사추천회의는 형식적 절차만 밟는다.

그렇다면 대통령이 후보군에 포함하라고 지시한 인물은 무조건 임명장을 받을까. 전직 청와대 인사 책임자는 "그런 인물이라도 인사추천회의에서 부적격 판정을 내리는 경우가 실제로 몇 번 있는데, 대통령은 참모들의 의견을 따라 더 이상 강권하지 않았다"고 했다. 하지만 구체적 사례를 제시해달라고 하자 "인사 기밀"이라며 밝히지 않았다.

청와대 인사협의체에 대해선 부정적 견해도 있다. 전직 청와대 인사 부서 책임자급의 말이다. "사람을 쓰는 데 있어서 대상자를 개방해 여러 참모가 모여 토론하는 것도 의미가 있지만, 부작용이 더 크다. 청와대 인사는 전쟁이나 다름없다. 전쟁 중엔 보안이 필수적인데 여러 사람에게 오픈되면 외풍에 시달릴 수 있다."

실제로 노무현 정부와 박근혜 정부에선 실세 총무비서관이 인사협의체에 참석했는데, 회의 방향을 뒤바꾼 사례가 있다고 한다.

5장
천리마를 찾는 '백락*', 인사수석이 일하는 법

인사수석은 "빛나지 않을 때 가장 빛나는 자리"라고들 한다. 잡음이 안 생긴 인사 때는 아예 존재감을 못 느끼는 대신 인사 사고가 일어났을 때만 주목을 받는 자리이기 때문이다.

대통령이 특정 인물을 발탁했다가 문제가 발견돼 무를 때는 주로 '자진 사퇴' 방식을 사용한다. 인사권자의 뜻에 따라 물러나면서도 스스로 결정한 모양새를 갖추면 체면이 그나마 조금 산다는 인식 때문이다. 청와대의 물러나라는 '사인'이 떨어졌는데도 모른 채 버티면 어쩔 수 없이 '지명 철회'라는 수단을 쓴다. 경력에 '지명 철회'가 있으면 뭔가 결함이 있는 인물처럼 느껴진다. 이는 신규 임용 때만이 아니고 기존 인

---

* 백락(伯樂): 중국 춘추전국시대의 인물. 준마를 고르는 안목이 뛰어나 말 감정사인 상마가(相馬家)로 일했다.

물이 나갈 때도 마찬가지다. 장관이나 청와대 수석비서관으로 있다가 '자진 사퇴'한 뒤에 후임이 정해지는 절차와 '경질' '교체'는 뉘앙스가 다르다.

문재인 정부 중반기인 2019년에 단행된 3·8 개각은 '사고' 수준의 인사 실패였다. 과학기술부 장관 후보자 조동호는 영리 목적으로 열리는 부실 학회에 참석한 사실이 드러났고, 부인과 동반 출장을 가면서 연구비를 부정 사용한 의혹 등에 휩싸였다. 문재인 대통령은 청문회 이후 지명을 철회했다.

이 시점에 국토교통부 장관 후보자 최정호는 다주택자인 데다 편법 증여 논란이 벌어지면서 자진 사퇴했고, 헌법재판관 후보자 이미선은 청문회를 통과하긴 했지만 35억 원 상당의 주식을 가지고 있어 입길에 올랐다.

문재인 대통령이 단행한 개각이 몰매를 맞자 당시 인사수석 조현옥은 "국민 눈높이에 맞지 않은 인사로 심려를 끼쳐 죄송하다"며 자리에서 물러났다. 조현옥은 노무현 정부 청와대에서 인사수석실 균형인사비서관을 지낸 뒤 10년 만에 문재인 대통령의 인사를 실무적으로 총괄했는데, 인사수석에서 퇴임한 뒤 독일 주재 대사로 부임했다.

이후 야당은 조현옥의 후임자인 김외숙도 조국·추미애·박범계 법무부 장관 발탁 등과 관련해 "대통령 뜻만 헤아리는 '예스맨 인사'를 한다"며 줄기차게 퇴진을 요구했다.

| 역대 인사수석비서관(인사보좌관·인사비서관·인사기획관 포함) |

▶ 노무현 정부

초대: 정찬용(2003년 2월 21일~2005년 1월 10일)

2대: 김완기(2005년 1월 20일~2006년 5월 2일)

3대: 박남춘(2006년 5월 3일~2007년 12월 21일)

4대: 정영애(2007년 12월 21일~2008년 2월 24일)

▶ 이명박 정부

김명식(2008년 2월 25일~2012년 8월 8일·인사비서관)

김명식(2012년 8월 9일~2013년 2월 24일·인사기획관)

▶ 박근혜 정부

정진철(2014년 8월 12일~2017년 5월 9일)

▶ 문재인 정부

초대: 조현옥(2017년 5월 11일~2019년 5월 28일)

2대: 김외숙(2019년 5월 28일~)

인사수석은 인사 전문가?

노무현 정부에서 문재인 정부까지 청와대 인사수석을 지낸 인물(인사기획관 포함)은 모두 8명이다. 그들은 인사 전문가일까.

인사보좌관을 거쳐 첫 인사수석이 된 정찬용은 앞서 소개했듯이 시민운동가다. 인사에는 문외한이지만 노무현 대통령이 정치에 때 묻지 않은 순수성을 높이 사 발탁했다.

김완기 수석은 행정관료 출신이다. 내무부 기획예산담당관, 행정자치부 공보관, 광주시·전남도 기획관리실장, 광주시 행정부시장, 소청심사위원장 등을 지낸 뒤 노무현 청와대 인사수석이 됐다. 부서장으로서 인사권을 행사한 적은 있지만 인사행정 전문가는 아니다.

박남춘 수석은 해운항만청에서 공무원 생활을 시작해 해양수산부 총무과장, 국립해양조사원을 거쳐 노무현 청와대에 입성해 국정상황실장을 지냈다. 이어 인사제도비서관, 인사관리비서관을 거쳐 인사수석비서관이 됐다. 청와대 인사 라인을 섭렵했지만 원래 인사 전문가는 아니었던 셈이다. 박남춘은 이후 재선 국회의원을 역임하고 인천시장 자리에 올랐다.

정영애 수석은 국내 1호 '여성학 박사' 이력을 가진 학자 출신 관료다. 노무현 청와대의 문재인 비서실장 시절에 인사수석이 됐으며, 문재인 정부에서 여성가족부 장관으로 기용됐다.

이명박 정부에서 수석 직제 없는 인사비서관과 인사기획관을 역임한 김명식은 자타 공인 인사행정 전문 관료다. 총무처에서 공직 생활을 시작해 중앙인사위원회 인사정책과장, 인사정보심의관, 정책홍보관리관, 인사정책국장을 두루 거쳤다. 이명박 정부 국정운영백서에 처음으로 '인사'를 포함했고, 저서『국가와 공직』*에서 이명박 정부 인사 시스템을 자세히 설명했다.

박근혜 정부 임기 중 부활해 처음이자 마지막 인사수석을 지낸 정진철도 행정자치부와 중앙인사위원회에서 공무원 인사 분야 전문성을 쌓은 관료 출신이다. 중앙인사위원회 인사정책심의관과 인사정책국장을 지냈다.

문재인 정부의 경우 조현옥·김외숙 인사수석 둘 모두 인사 전문가로 볼 수 없다. 조현옥은 한국여성정책연구원 조사연구원, 여성정치세력민주연대 대표를 지낸 여성 활동가다. 인사행정은 노무현 정부 때 균형인사비서관을 맡으면서 처음 경험했다. 이후 서울시 여성가족정책실장을 거쳐 문재인 정부가 들어서면서 인사수석이 됐다. 조현옥이 물러난 후 바통을 이어받은 김외숙은 인권변호사 시절 문재인과 함께 법무법인 부산에서 활동했다. 그 인연으로 문재인 정부의 첫 번째 법제처장에 이어 두 번째 인사수석에 올랐다.

결국 8명의 인사수석급 중 정통 인사 전문가는 김명식과 정진철 두 명뿐인 셈이다. 청와대에 들어가 인사 업무를 익히다 수석이 된 인물이 두 명(박남춘·조현옥), 비(非)인사 전문 관료 출신이 한 명(김완기)이고, 나머지 세 명(정찬용·정영애·김외숙)은 인사와는 무관한 분야에서 활동

---

* 김명식, 법우사, 2019.

했던 문외한이었다.

공교롭게도 이명박·박근혜 보수정권에선 인사 전문가에게 대통령의 인사를 맡겼고, 노무현·문재인 진보정권에선 시민사회 활동가를 발탁해 고위공무원 인사를 하도록 했다.

차관급인 수석의 전문성이 떨어지면 1급 비서관, 그도 아니면 2~3급 행정관에라도 인사 전문가를 배치해야 한다. 하지만 그런 보완성도 제대로 확보되지 않은 경우가 허다하다.

유난히 인사 문제가 빈번했던 문재인 정부 초기 조현옥 인사수석 시절을 보자. 인사수석실 균형인사비서관(비경제 분야 담당) 신미숙은 노무현 정부에서 시민사회수석비서관실 행정관을 지냈고, 인사 업무와는 거리가 먼 국회의원 보좌관, 한국정신대문제대책협의회(정대협) 출신이다. 인사수석실 인사비서관(경제 분야 담당) 김봉준은 더불어민주당 당료 출신으로, 문재인 정부 청와대에 행정관으로 입성한 후 인사 업무를 경험했다. 청와대 참모 자리를 전문성을 무시한 '코드인사'로 채운 결과다.

인사 라인마저도 정치권 주변 출신 비전문가로 채우는 경향은 문재인 정부 후반부까지 이어졌다. 윤석열 정부가 들어서기 전 대통령직인수위 시절에 퇴임을 앞둔 문재인 대통령이 임기제 공공기관장 자리에 대거 알박기 인사를 하는 바람에 신·구정권이 충돌했다. 이 무렵 청와대 인사 라인은 모두 인사행정과는 거리가 먼 인물들이었다.

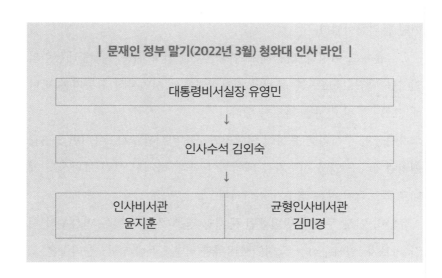

| 문재인 정부 말기(2022년 3월) 청와대 인사 라인 |

대통령비서실장 유영민
↓
인사수석 김외숙
↓

인사비서관 윤지훈	균형인사비서관 김미경

인사비서관 윤지훈은 더불어민주당 박남춘 국회의원 보좌관을 지내다 문재인 정부 청와대에 입성해 비서실장실 행정관, 국정상황실 선임행정관, 인사비서관실 선임행정관을 거쳐 인사비서관에 올랐다.

균형인사비서관 김미경은 전 법무부 장관 조국의 핵심 측근이다. 조국이 청와대 민정수석 때 법무비서관실 선임행정관으로 들어갔고, 장관에 지명되자 인사청문회 준비단 신상팀장을 맡기 위해 청와대에서 나왔다. 조국 장관 시절엔 정책보좌관을 지냈다. 조국이 구치소에 수감된 부인 정경심 교수를 면회 갈 때 수행한 사진이 포착돼 화제가 된 바 있다. 임기 후반기에 김미경이 다시 균형인사비서관으로 발탁되자 '조국에 대한 마음의 빚'(2020년 문재인 대통령 새해 기자회견)을 갚기 위한 인사 아니냐는 뒷말이 나왔다.

노무현 정부 시절 인사수석은 정치적 코드를 맞췄지만 실무급에는 그나마 인사행정에 익숙한 관료들을 배치했다. 필자가 확보한 2006년 5월 노무현 정부 청와대 직제표엔 박남춘 인사수석 산하에 인사관리비서관 문해남, 인사제도비서관 구윤철, 균형인사비서관 조현옥이 포진했다. 인사 라인 총 인원은 수석실 3명, 인사관리비서관실 7명, 인사제도비서관실 4명, 균형인사비서관실 4명을 합쳐 18명이었다.

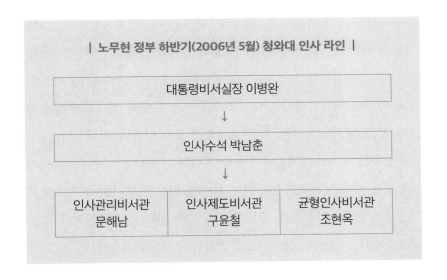

| 노무현 정부 하반기(2006년 5월) 청와대 인사 라인 |

대통령비서실장 이병완

↓

인사수석 박남춘

↓

| 인사관리비서관
문해남 | 인사제도비서관
구윤철 | 균형인사비서관
조현옥 |

인사관리비서관 문해남과 인사제도비서관 구윤철은 정통 행정관료다. 해양수산부 출신 문해남은 노무현 정부 전반기에 청와대 민정비서관실 행정관으로 파견돼 인사관리비서관으로 승진 이동했다. 청와대에서 나온 후에도 관료 생활을 계속해 해양수산부 해운물류본부장, 해양정책실장 등을 역임했다. 구윤철은 기획재정부 출신 경제관료인데 청와대 파견 경험이 풍부하다. 노무현 정부 청와대에서 국정상황실 행정

관, 인사관리비서관실 행정관, 인사제도비서관, 국정상황실장을 두루
거쳤다. 이후 기획재정부로 복귀해 문재인 정부 들어 예산실장, 제2차
관, 국무조정실장(장관급)으로 승승장구했다. 앞서의 청와대 직제표에
나온 인사참모 18명 중 7명이 정부 부처에서 파견된 정규직 공무원이
고 나머지는 별정직이었다.

이명박 정부는 초기 청와대에 차관급인 인사수석을 두지 않고 1급
인사비서관이 총괄하도록 했는데, 이 때문에 인사참모진이 13명
(2008년 7월 기준)에 그쳐 전임 정부보다 규모가 작았다. 당시 직제표에
는 정정길 대통령실장(이때는 '대통령비서실'이 아니고 '대통령실'이었다)
직속 인사비서관 김명식 아래로 선임행정관 윤한홍, 행정관 이상휘가
보인다. 그 아래는 이승균, 이동헌, 장영진 등의 이름이 쭉 나온다.

윤한홍은 서울시 기획담당관 등을 지내다 서울시장을 역임한 이명박
대통령을 따라 청와대로 입성해 인사비서관실 선임행정관을 시작으로
대통령실장실 선임행정관, 대통령실 행정자치비서관을 역임했다. 경남
행정부지사를 지낸 뒤 정치인으로 변신한 재선 국회의원이다.

이명박 정부 당시 대통령 인사권 행사와 관련해 이상휘를 둘러싸고
나도는 소문이 많았다. 인사비서관실 선임행정관 이상휘는 국회의원
이군현의 보좌관 출신인데, 이명박 정권 실세 박영준이 국회의원 이상
득의 보좌관 생활을 할 때 가까이 지냈다고 한다. 이 때문에 이상득-박
영준 라인의 비선 인사를 이상휘가 실무적으로 처리한다는 소문이 파
다했다. 특히 박영준이 정두언과의 마찰로 청와대 기획조정비서관에서
물러나 야인 생활을 할 때도 '대리인' 격인 이상휘를 통해 영향력을 행

사한다는 추측이 무성했다. 물론 당시 청와대 인사 라인에 있던 참모들은 그런 소문들을 강하게 부인한다.

이상휘는 그런 풍문에 시달리다 춘추관장으로 옮겼는데, 그 자리는 행정관 이동헌이 선임행정관으로 승진하면서 채웠다. 박영준이 대선 때 만든 사조직 '선진국민연대' 출신인 이동헌 역시 이명박 정부 초기부터 인사비서관실에서 근무했다. 따라서 이동헌의 실제 업무도 이상휘의 연장선상이었다는 말이 나왔다.

같은 인사 라인 안에서 '어공'(어쩌다 공무원·별정직)은 권력 주변의 비선 인사를 챙기지만, '늘공'(늘 공무원·직업관료)은 인사 수요를 파악해서 채워 넣는 본연의 임무에 집중한다. 특히 행정관료 중에서도 실력 있는 인사 담당 공무원은 진보·보수정권을 가리지 않고 청와대 인사참모로 발탁된다. 인사혁신처장을 지낸 김동극이 대표적이다.

김동극은 1992년에 공직 생활을 아예 총무처 인사국 인사기획과 행정사무관으로 시작했다. 이후 중앙인사위원회가 생기면서 기획총괄과 서기관, 인사정책과장, 인사정책국 정책총괄과장을 역임한 뒤 노무현 정부 청와대로 파견됐다. 인사수석실 인사관리행정관 일을 마치고 중앙인사위원회로 돌아가서는 성과후생국장을 거쳐 행정안전부 인사실 인력개발관, 인사정책관을 지냈다. 이후 박근혜 정부 청와대에 다시 파견돼서는 인사지원팀장, 인사수석실 인사비서관을 맡았다. 공무원 이력이 '인사'로 점철된 김동극은 2016년 인사행정가의 최고봉인 인사혁신처장에 올랐다.

6장

검증 칼자루 쥔
민정수석의 체크리스트

윤석열 정부에서 폐지된 청와대 민정수석비서관실은 역대 정부에서 '왕(王)수석실'로 통했다. 사정(司正)과 공직 기강 기능을 총괄하다 보니 막강한 권한이 쏠리는 까닭이다. 당연히 민정수석은 대통령의 의중을 잘 헤아리는 핵심 측근이 맡았다.

노무현 정부의 민정수석 문재인(두 차례 재임), 박근혜 정부의 민정수석 우병우, 문재인 정부의 민정수석 조국이 대표적 인물이다. 하지만 우병우와 조국 사례에서 알 수 있듯이 민정수석에게 부여된 칼날을 함부로 휘두르면 대통령에게 독검(毒劍)이 되곤 했다.

차관급인 민정수석비서관 산하에 1급인 민정비서관, 공직기강비서관, 법무비서관, 반부패비서관(문재인 정부 기준)을 뒀다. 각 비서관실은 여론동향과 민심을 파악하거나 공직사회의 기강을 바로잡고 고위공직자의 직무를 감찰하는 기능을 수행했다. 특히 5대 사정기관(검찰, 경찰, 국정원, 국세청, 감사원)을 사실상 통솔하면서 그 기관들이 생산하는 고급 정보를 취합해 대통령에게 직접 보고하는 경우도 많았다.

역대 정부에서 민정수석실의 명칭은 계속 바뀌었다. 그러나 실제 수행하는 업무는 비슷했다. 가장 중요한 업무 가운데 하나는 대통령의 인사권 행사 과정에서 실시하는 후보자 검증이었다. 민정수석실 산하 공직기강비서관실에서는 2급 이상 고위공무원과 공공기관 임원 등을 대상으로 인사 검증을 수시로 실시했다.

| 민정수석실의 인사 검증 절차 |

인사수석실 추천 후보군 공직기강비서관실 도착 → 후보자 본인과 배우자, 직계존비속의 개인정보제공동의서 확보 → 예비후보자 사전 질문서 답변서와 입증 자료 확보 → 법원, 검찰, 국세청, 경찰, 행정안전부 등 약 14개 기관 30여 종류 자료 확보 → 후보자가 쓴 논문 등 기타 참고 자료 검토 → 필요시 현장 확인(농지법 위반 소지 등) → 행정관 회의에서 검증 결과 종합 → 최종 보고서 작성 → 민정수석실 내부 결재 → 인사수석실 송부 → 인사협의체 송부

인사 추천과 인사 검증을 처음으로 분리한 노무현 정부

김대중 정부까지는 인사 추천과 인사 검증이 민정수석실에서 동시에 이뤄졌다. 노무현 정부 들어 인사수석 직제를 신설하면서 검증 기능은 사정기관을 총괄하는 민정수석실, 그중에서도 공직기강비서관실로 넘겼다. 이때부터 대통령 인사권 행사의 큰 줄기는 '인사수석실의 인사 추천 → 민정수석실 공직기강비서관실의 인사 검증 → 대통령의 최종 재가' 단계로 정리됐다. 물론 중간에 인사협의체의 심사 절차 등을 거치기도 하지만 노무현 정부에선 이 과정을 법원의 재판에 빗대 '1심(인사 추천) → 2심(인사 검증) → 3심(대통령 재가)'을 통과해야 하는 '인사

3심제'라고 이름 붙였다.

윤석열 정부에선 민정수석실의 인사 검증 기능이 사정기관으로 이관됐지만 절차와 방식은 과거 정부와 크게 다를 수 없다. 정부 고위직 후보자의 신상을 조사하기 위해선 기초적인 행정전산망뿐 아니라 사정기관이 확보한 존안자료, 주변 인물을 대상으로 하는 세평(世評) 조회가 필수인 까닭이다.

노무현 정부에서 시작한 민정수석실의 검증 체계는 도입 초기엔 시행착오도 있었지만 정권이 바뀔 때마다 업그레이드됐다. 검증 실행자의 자의적인 판단을 최소화하고 부실 검증을 막기 위한 방안들이 계속 개발됐다. 그 일환으로 검증 항목과 평가 기준을 구체적으로 세분해서 인사 검증 매뉴얼을 만들었다. 이 매뉴얼은 언론에 소개됐고 청와대 홈페이지에도 공개됐다. 검증이 매뉴얼대로 이뤄졌는지 나중에 확인할 수 있도록 장치는 마련됐던 셈이다.

그러나 노무현 정부도 고위공직자의 도덕성을 보는 국민 눈높이에 맞추지 못한 검증으로 곤욕을 치르곤 했다. 당시 인사 검증 책임자였던 민정수석 문재인은 훗날 노무현 정부의 시스템 인사가 완벽하지는 않았다고 토로한 바 있다. 당시는 사회세력 간의 갈등과 정치세력 간의 대립이 극심한 가운데 인사에서도 전면적인 개혁이 요청되었다며, 고위공직자에 대해 국민이 요구하는 도덕성의 기준이 가장 높았던 시기였고 국민의 눈높이를 맞추지 못해 타박을 받은 적이 여러 번이었다고 밝혔다.

재임 중 여러 번 인사 사고를 겪었던 노무현 대통령은 퇴임을 몇 달 앞두고 국가청렴위원회에 지시해 다음 정부가 참고할 수 있는 인사 검증 매뉴얼을 새로 만들도록 했다고 한다. 결국 참여정부는 청와대와 국가청렴위원회가 각각 만든 두 가지 인사 검증 매뉴얼을 남겨두고 나왔는데, 후임 이명박 정부는 그중 어느 것도 사용하지 않았다고 한다. 참여정부의 매뉴얼이 마음에 들지 않아 따로 매뉴얼을 만들었다면 그나마 이해할 수 있지만 이명박 정부는 매뉴얼 자체를 사용하지 않았다는 것이다. 이명박 정부가 나름대로 검증 매뉴얼을 만든 건 김태호 국무총리 후보자의 낙마 등 숱한 인사 실패를 겪고 난 이후였다고 한다.

이에 대한 이명박 정부 청와대 인사참모의 얘기는 다르다. 인사 추천과 인사 검증의 분리처럼 제대로 된 시스템은 그대로 활용했다고 반박한다. 다만 인사수석실의 규모가 필요 이상으로 컸기 때문에 대통령실장 직속 인사비서관 체제로 전환한 것일 뿐이라고 했다.

인사 관련 노하우 전수 여부를 놓고 티격태격하는 일은 정권이 바뀔 때마다 있는 일이다.

체계화된 인사 검증 시스템

인사수석실에서 작성한 인사추천회의 대상 직위와 후보자 명단은 회의가 열리기 열흘쯤 전에 공직기강비서관실로 전달된다. 여기엔 각 후보자들이 인사수석실에 제출한 개인정보제공동의서가 반드시 포함돼야 한다. 금융거래 내역 등을 파악하는 데 필수인 까닭이다.

공직기강비서관실 선임행정관은 이 자료들을 분야별로 나눠 해당 부처별 담당 행정관에게 분배한 후 나중에 결과를 취합한다. 이명박 정권 공직기강비서관실에서 선임행정관을 지낸 박재홍은 "정부 출범 때부터 약 3년간 근무하면서 1천 명가량의 인사 검증을 직접 했다. 그중엔 국회 인사청문회 대상도 많았다"고 밝혔다.

공직기강비서관 산하 10명 안팎의 행정관들은 몇 개의 정부 부처를 묶어 검증 업무를 분장한다. 다른 비서관실의 행정관은 주로 일반 부처 공무원(늘공)이나 정치권에서 유입된 참모(어공)인 데 비해 공직기강비서관실 행정관은 검찰 수사관이나 경찰, 국세청 등에서 파견된 직원이 많다.

인사 후보군들에 대한 검증은 즉흥적으로 이뤄지는 게 아니다. 각 정권마다 체크리스트가 있었다. 인사 추천과 검증을 처음 분리한 노무현 정권의 경우 검증 항목을 크게 다음의 여섯 갈래로 분류했다. ① 병역 및 국적 사항 ② 전과 전력 및 징계에 관한 사항 ③ 부동산투기 및 편법증여 등에 관한 사항 ④ 세금이나 공과금, 범칙금 등의 납부 내용 ⑤ 기타 도덕성과 관련된 항목 ⑥ 상황 검증. 마지막 '상황 검증'은 정권이 지향하는 국정 운영 방향과의 일치성을 점검하는 항목이었다. 가령 친일 행적처럼 사회적으로 물의를 일으킬 만한 문제가 없는지를 살피는 식이다.

이런 작업을 거친 뒤 인사추천위원회에 올릴 검토 의견을 작성하는데, 검증 결과는 '① 특이 문제 없어 보임 ② 다소 부담 ③ 부담 ④ 문제 있어 보임' 가운데 하나로 정리된다. '문제없음'이란 단정적 표현이 아니라 '특이 문제 없어 보임'이라고 적는 건 민정수석실 단계까지는 그렇게 판단한다는 의미다.

다른 정부에서도 인사협의체에 상정할 검토 보고서의 검증 결과는 이와 유사한 기준에 따라 네 갈래로 분류했다.

| 공직기강비서관실의 인사 검증 결과 보고 |

① 특이 문제 없어 보임: 자료 검토 결과 아무런 문제가 발견되지 않음. 깨끗함.

② 다소 부담: 약간의 흠결(보통 1~2개 결격 사유)이 발견됐음. 정무적으로 판단할 사안.

③ 부담: 가급적 탈락시켰으면 함. 인사권자(대통령)의 최종 판단에 따라 구제할 수도 있음.

④ 문제 있어 보임: 부담 크므로 절대 임명해선 안 됨.

'문제 있어 보임'은 물론 '부담' 판정을 받은 후보자는 거의 모두 인사 대상에서 제외됐다. 간혹 인사권자인 대통령이 직접 사람을 콕 집어 인사 검증을 하라고 지시하는 적이 있다. 이때도 '문제 있어 보임' 판정이 나오면 대통령이 포기한다.

고위공직 후보자가 직접 작성하는 '자기 검증서'

이명박 정권에서는 공직기강비서관실의 인사 검증을 더욱 체계적으로 발전시켰다. 인사 검증 대상자에게 사전 질문서를 보내 답변서를 회송하도록 제도화했다. 예비후보자들에게 보내는 일종의 '자기 검증서'였다. 공식 명칭은 '고위공직 예비후보자 사전 질문서'다.

자기 검증서에 포함된 분류 항목은 9개, 질문 문항은 200개였다. ① 가족관계(질문 9개) ② 병역의무 이행(질문 14개) ③ 전과 및 징계(질문 20개) ④ 재산 형성 등(질문 40개) ⑤ 납세 등 각종 금전 납부 의무(질문 26개) ⑥ 학력 및 경력(질문 12개) ⑦ 연구 윤리 등(질문 15개) ⑧ 직무 윤리 관련(질문 33개) ⑨ 개인 사생활 관련(질문 31개)

각 질문은 '예' '아니요'로 답하게 돼 있는데 검증이 필요한 질문에 '예'로 할 경우 추가로 소명할 내용을 기술해달라고 했다. 가령 '본가나 처가 가족 중에 역사적으로나 사회적으로 논란의 대상이 될 수 있는 일에 종사하신 적이 있습니까'(개인 사생활 관련 1번 질문)에 '예'라고 했다면 구체적인 내용을 적어내야 한다.

이명박 정부판 자기 검증서는 박근혜 정부와 문재인 정부를 거치며 새로운 분류 항목이 포함되고 질문 문항이 변하면서 업그레이드됐다. 특히 문재인 정부는 출범 초기에 인사 파동을 겪은 뒤 '사전 질문서'의 기본 형식은 그대로 이어받되 질문 항목과 내용을 대폭 손질했다.[*]

---

[*] '고위공직 예비후보자 사전 질문서'(https://www1.president.go.kr/dn/5af28448cefa5) 참조.

첫째, 대선 공약이었던 고위공직자 임용 기준 강화를 위해 기존의 5대 비리에서 7대 비리, 12개 항목으로 사전 질문을 확대했다. 고위공직 임용 배제 사유에 해당하는 비리의 범위와 개념도 구체화했다. 기존 5대 비리는 △ 병역기피 △ 부동산투기 △ 세금탈루 △ 위장전입 △ 논문 표절이었다. 여기에 △ 음주 운전 △ 성(性) 관련 범죄를 추가했다. 5대 비리 중 '부동산투기'는 주식·금융거래 등이 포함된 '불법적 자산 증식'으로, '논문 표절'은 연구비 횡령 등이 포함된 '연구 부정'으로 그 개념을 확대했다.

둘째, 객관적인 원천 배제 기준을 제시했다. 관련 법령 위반으로 인한 처벌, 고액·상습 체납자 명단 공개자 포함 등 객관적으로 확인이 가능한 불법적 흠결에 해당할 경우는 임용을 원천적으로 배제했다. '임용 원천 배제'는 '인사 테이블'에도 올리지 않겠다는 의미였다.

객관적인 사실로 확인하기 어려운 경우에는 고의성, 상습성, 중대성의 요건을 적용해 '임용 원천 배제'를 적용할지 판단했다. 이는 객관적인 원천 배제 기준에 미치지 않는 경우에도 위 3대 요건을 기준으로 정밀 검증해 국민 눈높이에 미치지 못한다고 판단되면 검증을 통과할 수 없다는 의미였다.

셋째, 해당 행위 당시의 사회규범 의식을 고려하여 적용 시점을 정했다. 해당 행위 당시와 현재 모두 중대한 문제로 인식되는 병역면탈, 세금탈루, 부동산투기는 원칙적으로 시점을 제한하지 않고 엄격하게 적용했다. 대신 위장전입, 논문 표절은 적용 시점을 합리적으로 정했다.

넷째, 임용 예정 직무와 관련될 경우 기준을 보다 엄격하게 적용했다. 가령 '병역기피'는 외교·안보 등 분야 임용 예정자에 대해, '연구 부정 행위'는 교육·연구 등 분야 임용 예정자에 대해 가중된 기준과 잣대를 적용했다.

이런 기조 변경에 따라 문재인 정부에선 세부적인 질문에 들어가기 전에 '7대 비리'와 관련한 질문에 먼저 답하도록 했다. ① 병역기피(질문 4개) ② 세금탈루(질문 3개) ③ 불법적 재산 증식(질문 2개) ④ 위장전입(질문 2개) ⑤ 연구 부정 행위(질문 3개) ⑥ 음주운전(질문 3개) ⑦ 성 관련 범죄 등(질문 2개)이 그것이다.

검증 대상자들은 7대 비리 연루와 관련한 응답을 마친 뒤 본 질문에 들어간다. ① 기본 인적 사항 ② 국적(출입국 포함) 및 주민등록을 먼저 적는데, 출입국 이력 기재도 매우 까다로워졌다. '공무 해외 출장에 배우자나 가족을 동반한 적이 있는지' '2016년 9월 28일(청탁금지법 시행) 이후 피감기관 또는 산하기관으로부터 비용 등을 지원받아 해외 출장을 다녀온 적이 있는지' 등을 묻는다. '국적 및 주민등록' 항목의 질문 수는 13개다.

기본 신상 파악에 이어지는 분류 항목과 질문 문항은 다음과 같다. ③ 병역의무 이행(질문 7개) ④ 범죄 경력 및 징계(질문 9개) ⑤ 재산 관계(질문 31개) ⑥ 납세의무 이행 등(질문 35개) ⑦ 학력·경력(질문 5개) ⑧ 연구 윤리(질문 18개) ⑨ 직무 윤리(질문 32개) ⑩ 사생활 및 기타(질문 13개).

자기 검증서를 처음 만든 이명박 정부의 질문은 9개 분류 항목에 200개 문항이었지만, 문재인 정부에 이르러선 17개 분류 항목(7대 비리 포함)에 182개 문항이다. 처음보다 다양한 분야에서 핵심적인 내용들을 짚는다고 볼 수 있다.

사전 질문서의 첫 장엔 공직 후보자에게 성실한 답변을 하지 않을 경우 불이익이 돌아갈 수 있음을 다음과 같이 경고한다. "답변 내용이 사실과 다른 것으로 확인될 경우 이에 따르는 책임과 함께 향후 공직 임용에서 배제되는 등의 불이익도 받을 수 있음을 알려드립니다. 답변 내용은 인사 검증 목적으로 사용되고 개인정보로 보호될 것임을 밝힙니다. 다만, 허위 답변이 명백한 경우에는 그 답변이 공개될 수도 있음을 알려드립니다."

답변의 진위 여부는 검찰·경찰·국세청 등의 요원들이 포진해 있는 공직기강비서관실에서 점검한다.

'자기 검증서' 허점의 보완

문재인 대통령 임기 초기에 심각한 인사 사고가 나자 민정수석실은 그 원인을 분석한 뒤 적극 해명하는 자료를 언론에 배포했다. 여기에서 인사 검증 한계의 유형을 다음과 같이 세 갈래로 분류했다.

첫째, 검증 항목에서 제외되어 있었거나, 직위 수준별로 검증 항목에 차이가 있었던 경우.

둘째, 사전 질문서에 관련 사안을 묻는 질문 항목이 없었거나, 관련 질문에 대해 후보자가 충실하게 답변하지 않은 경우.

셋째, 검증 당시 확인하는 공적 자료 등으로는 사생활 관련 정보가 드러나지 않은 경우.

이에 따라 사전 질문서의 질문 항목을 보완하고 인사 검증 과정에서 공직 후보자의 성실한 답변과 소명을 독려하기로 했다. 또 병역, 세금, 부동산 등 공적 자료 확인과 관련해 해당 기관과의 소통을 더욱 활성화하고 유기적으로 협력하기로 했다.

보완 차원에서 사전 질문서는 ① '미투' 운동과 관련해 문제가 될 만한 발언이나 행동 ② 비상장주식의 구체적인 매입 경위 ③ 사외이사로 재직한 회사에서 논란이 될 만한 의사결정에 참여했는지 여부 등에 대해서 구체적으로 기술하도록 했다. 또한 선출직 공무원의 경우는 정치 후원금 사용 및 해외 출장 관련 문항이 추가됐고, 정당한 사유가 있으면 그 사유를 상세히 적도록 했다.

앞에서 소개한 대로 기존 양식의 사전 고지문에도 징벌적 조치를 추가했다. 이명박 정부 때 만든 고지문엔 "답변하신 내용이 사실과 다른 것으로 확인될 경우, 이에 따르는 책임과 함께 향후 인사상 불이익도 받을 수 있음을 알려드립니다"라는 내용이 있었다. 이를 "답변 내용이 사실과 다른 것으로 확인될 경우 이에 따르는 책임과 함께 향후 공직 임용에서 배제되는 등의 불이익도 받을 수 있음을 알려드립니다"로 변경했다. '향후 인사상 불이익'이라는 추상적 표현을 '향후 공직 임용 배제'라는 구체적 제재 방식으로 대체해 성실한 답변을 유도했다. 허위 답변이 명백한 경우에는 그 내용 또한 공개될 수 있다는 경고 내용도 추가했다.

다만 당시 청와대는 "과거 정부와 달리 문재인 정부는 국정원 정보를 사용하지 않기에 검증을 위한 정보에 제약이 있음은 사실이지만, 앞으로도 국정원 정보는 사용하지 않을 것"이라고 덧붙였다.

문재인 정부 조국 민정수석실의 이 같은 검증 강화 조치에 대해 박근혜 정부 초대 민정수석을 지낸 당시 야당 국회의원 곽상도는 이렇게 반박했다.

"후보자들이 향후 임용 배제가 두려워 사전 질문에 솔직하게 답변할 것이라는 발상 자체부터 비현실적이다. 후보자가 굳이 본인의 치부까지 드러내면서까지 완전한 검증을 받으려 할지 의문이고, 후보가 거짓 자료를 내는지 사실 은폐를 하는지 확인하고 밝혀내지 못한다면 검증 부서를 둘 필요가 없다. 특히 민정수석실은 인터넷에 기사 검색만 해도 손쉽게 밝혀낼 수 있는 정보조차 걸러내지 못하였다."

청와대 인사 검증 기록이 밖으로 새 나갔다?

기업에서도 인사의 생명은 보안이다. 인재를 발탁하고 배치할 때는 항상 외부 간섭이 시도되므로 결과 발표 때까지는 철저히 비밀을 지켜야 한다. 특히 대통령의 인사권 행사에서 그 중요성은 더욱 강조된다. 언론이 항상 눈을 크게 뜨고 지켜보고 있으며, 청와대 참모들도 자신과 직·간접적으로 연관된 인사에 촉각을 곤두세운다.

가장 민감한 쪽은 한 명이라도 더 자기 사람을 요직에 앉히려는 비선 실세들이다. 이들은 파워가 있으므로 정보만 있으면 인사 방향을 틀어 버릴 수 있다. 그 정보를 얻기 위해서 청와대 민정 라인을 흔들어버리 기도 한다.

실제 박근혜 정부 시절 국정농단 사태 때 최순실이 청와대 민정팀이 작성한 인사 검증 자료를 외부로 가져왔더라는 증언이 나와 발칵 뒤집 힌 적이 있다. 2017년 6월 서울중앙지법에서 열린 전 청와대 민정수석 우병우의 국정농단 방조(직권남용 권리행사방해) 혐의 사건 재판에 나온 최순실 조카 장시호의 증언이었다.

"예를 들어 이모(최순실)가 '모 방송국에 추천할 분이 있으면 추천하라'고 해서 하면, 그분이 안 되는 사유가 온다. 그러면 이모는 '민정에서 검사했는 데 가족관계에 어떤 문제가 있다더라'라고 설명을 해주셨다. 이모는 아침 마다 청와대에서 밀봉된 여러 서류를 받는다. 제가 본 것만 해도 꽤 많다."

장시호는 최순실이 인사 대상자 추천 서류에 포스트잇을 붙이거나 직접 펜으로 적격 여부를 적어 박근혜 대통령에게 보냈다는 취지의 진 술을 했다. 최순실 지시로 인사 관련 서류를 청와대 측에 건네자 문화 체육관광부 차관이 교체됐다는 정황도 증언했다. 더 나아가 최순실이 보관 중이던 민정수석실 작성 세평 문건을 자신이 휴대전화로 촬영한 바 있다고도 했다.

청와대 검증 통과 뒤 청문회에서 낙마하면 벌어지는 일

　인사수석실의 추천과 민정수석실의 검증 결과를 놓고 인사추천협의체에서 난상토론을 벌인다. 회의에서 최종후보가 확정되면 다시 한번 정밀 검증을 거친다. 이 과정에서 어떤 자리인지에 따라 해당 인사수석의 입김이 세지고, 정밀 검증도 그 수석실에서 주도한다. 가령 경제부처 장관의 경우 경제수석실의 의견과 정밀 검증 결과가 중요하다. 정밀 검증까지 거치면 인사 추천과 검증 과정, 인사추천회의 논의 내용 등을 상세히 기록해 대통령에게 보고한다. 대통령의 재가가 나면 임명 내용이 공식 발표되고 사후 임명 절차를 밟는다.

　다만 국회 인사청문회 대상 직위인 경우 야당의 공세와 언론의 혹독한 검증도 이뤄지므로 대통령의 재가가 최종 확정이 아닐 수도 있다. 만일 국회 청문회나 언론 검증 과정에서 후보가 낙마라도 하면 다시 똑같은 절차를 거쳐 대통령에 추천한 뒤에 국회로 보내야 한다. 두 번 연속 낙마하면 정권 자체에 큰 부담을 주는 만큼 인사참모들은 초긴장 상태에 들어간다.

　노무현 정부 시절인 2006년 여름, 교육부총리 김병준이 임명된 지 13일 만에 논문 표절 문제가 불거져 자진 사퇴했다. 만전을 기하느라 후임 인선이 늦어지자 언론에선 교육정책 수장 자리를 너무 오래 비워놓는다고 질타했다. 그러나 일부러 후속 인사 기간을 끄는 게 아니었다. 당시 청와대 인사수석실은 난감한 상태에 빠져 있었다. 김병준이 온갖 의혹을 받으며 결국 낙마하는 모습을 본 교육 전문가들이 한사코

손사래를 쳤기 때문이다. 박남춘 인사수석이 이끄는 참모들은 김병준 사임 직후부터 무려 36명의 후보군을 대상에 올려놓고 검토에 들어갔다고 한다. 전·현직 대학총장 6명, 교육 관료 5명, 전직 장·차관 11명, 대학교수 등 교육 전문가 6명, 정치인 6명, 국정과제위원회 위원장 및 위원 2명 등이었다.

문제는 김병준 때보다 더 엄격한 잣대를 들이대다 보니 마땅한 인물이 별로 없었다는 데 있었다. 그나마 괜찮다 싶은 인물들은 일제히 고사했다. 특히 비교적 흠집이 없는 대학교수 등 학계 인물이 후보군으로 많이 떠올랐지만 관행상 논문 검증의 덫을 피할 수 있는 인물은 거의 없었다. 실제로 인사수석실이 접촉한 학계 인사들 가운데 상당수가 논문 문제를 이유로 고사했다.

대통령의 인사권 행사가 이 정도 난관에 봉착하면 청와대 인사수석실 외에 정권 주변이 일제히 나서 적임자를 물색하게 된다. 김병준의 후임인 서울대 교육학과 명예교수 김신일을 천거한 인물은 국무총리 한명숙이었다.

당시 인사수석실은 '정무직 후보자 상시 관리 계획'이란 이름으로 장관 후보자들을 상시 점검하고 있었는데, 김신일은 그 명단에 없는 인물이었다. 당연히 노무현 대통령도 모르는 사람이었다. 인사참모들은 김신일을 상시 관리 명단에서 고른 후보자, 다른 곳에서 추천받은 사람들과 함께 9배수의 후보군에 포함했다. 후보자의 기본적인 신상명세, 이력 외에 참여정부의 정체성과 맞는지를 파악하는 상세 평가와 민정 라인의 검증, 인사추천회의 등을 거쳐 김신일을 적임자로 골라 대통령에게 보고했다. 노무현 대통령은 김신일과 일면식도 없었으므로 교육부 총리로 임명하기 전에 직접 최종 면접을 본 뒤에야 낙점을 했다.

　이처럼 부처 장관 같은 정무직의 경우 다양한 외적 변수가 개입한다. 아무래도 국정 운영의 책임을 함께 질 대통령의 의중이 최우선이다. 대통령은 스스로 인물을 발탁하기도 하지만 주변의 건의를 받아들이는 경우도 많다.

7장

대통령 인사의 숨은 실세는
○○○○이다

청와대 총무비서관 자리는 온갖 유혹에 노출된다. 물론 외형적 기능은 기업체의 총무 파트와 유사하다. 하지만 권력의 결정체인 청와대의 재무를 관장하는 만큼 일정 부분 '권력'이 생긴다.

총무비서관은 업무 특성상 대통령과 독대하는 경우가 많아 마음먹기에 따라선 청와대 밖의 중요한 국사에까지 간여할 수 있다. 청와대 안팎의 분위기를 대통령에게 전달하는 과정에서 자신의 의견을 개진할 수 있는 까닭이다. 대통령의 심중을 잘 아는 핵심 측근일수록 그런 역할이 커진다. 또한 대통령 비자금 성격의 돈까지 관리하는 경우도 있어 정권교체 후 구(舊)정권 비리 수사 때 늘 주목해야 할 인물로 떠오른다. 또 개인적으로도 '떡고물'을 만지기 쉬워서 검찰의 표적이 되게 마련이다.

청와대 직제상 총무비서관은 비서실장 직속이다. 1급 자리지만 비서관 중 가장 많은 직원을 거느릴 뿐 아니라 웬만한 수석비서관보다 직속 부하가 많다. 통상 인사, 경리, 구매, 행정, 비상 계획, 본관 관리, 시설 관리, 전산 파트 등의 부서를 총괄하고 이곳에 60명 정도의 정식 직원이 근무한다. 이런 중요성 때문에 역대 총무비서관 자리엔 늘 대통령이 신뢰하는 핵심 측근이 앉았다.

이명박 정부 시절 총무비서관 김백준은 대통령과 막역한 사이였다. 대통령의 고려대 상대 2년 선배로 현대그룹에서 인연을 맺은 뒤 긴밀한 관계를 유지해왔다.

노무현 정부 시절엔 대통령과 서로 이름을 부르며 말을 놓고 지내는 친구 정상문이 총무비서관을 맡았다. 정상문의 전임자인 최도술도 대통령의 부산상고 1년 후배지만 역시 친구로 지낸 사이다. 정상문과 최도술은 나중에 권력형 비리 혐의에 연루돼 구속됐다.

청와대 안살림 책임자 가운데 구속 1호는 김영삼 대통령 시절의 총무수석 홍인길이다. 한보그룹 회장 정태수에게서 자금 대출 청탁과 함께 10억 원을 받은 혐의로 1997년 구속됐다.

YS 정권 때까지는 총무 책임자의 직급이 차관급인 '수석비서관'이었다. DJ 정권이 들어서면서 1급 비서관으로 낮췄다. DJ는 취임과 동시에 홍인길 비리 사건을 빌미로 격을 낮췄고, 외부의 '접대' 유혹에서 상대적으로 자유로운 여성을 비서관으로 앉혔다. 그렇게 박금옥 비서관은 김대중 대통령과 5년 임기를 같이했다.

역대 총무비서관의 면면을 소개한 건 박근혜 대통령의 문고리 3인방 중 한 명으로 총무비서관을 지낸 이재만의 인사 권력을 들춰보기 위해서다. 이재만은 박지만·정윤회와 함께 실세 그룹 '만만회'의 일원이라고 박지원이 지목한 인물이다.

　박근혜 정부 초기에 총무비서관은 청와대 인사위원회의 간사 역할을 하는 정식 참석 인원이었다. 이 때문에 최순실이 간여한 비선 인사를 이재만이 실무적으로 챙겨준 게 아니냐는 의혹을 샀다. 당시 청와대 주변에선 왕(王)비서실장이라는 김기춘마저 이재만의 눈치를 보는 일이 잦았다는 얘기까지 있다. 인사위원회에서도 위원장인 김기춘이 간사인 이재만에게 주요 인사와 관련한 의견을 자주 물어봤다는 전언이다.

　최순실의 박근혜 정부 인사 개입 의혹만으로도 책 한 권을 다 채울 수 있다. 심지어 김기춘과 민정수석 우병우의 청와대 입성 과정에도 최순실의 입김이 작용했다는 보도까지 있었다. 군은 물론이고, 경찰, 문화체육관광부, 관세청, 외교부, 심지어 민간기업인 대한항공 인사에도 최순실이 영향을 미쳤다는 의혹이 연달아 불거졌었다. 일부는 팩트로 확인됐으나 루머에 불과한 내용도 포함됐다.

　다만 최순실의 입김이 박근혜 대통령의 인사권 행사에 상당 부분 작용했고, 청와대의 인사 시스템은 그걸 현실적으로 반영하는 역할을 했다는 의구심을 지울 수 없다. 그 중심에 이재만이 자리 잡고 있다. 총무비서관 이재만이 내부 인사뿐 아니라 청와대 담장을 넘어 인사에 간여한다는 소문이 나도니 '이재만 비서관'을 사칭한 인사 청탁 사건이 보도되기도 했다.

2부

시스템 VS 실세:
정권의 인사를 좌우한
두 가지 축

1장
궁정형 인사,
'벼슬을 내리노라'

#분할통치 #육법당 #육사11기 #TK #경북고

초대 이승만 대통령은 마치 임금이 신하에게 벼슬을 내리듯 '궁정(宮廷)형' 인사권을 행사했다. 내정자를 경무대 집무실로 불러 인사 배경을 상세히 설명하고 업무 지침을 내렸다고 한다.

박정희 대통령과 전두환 대통령 시절엔 '군인 천하'였다. 한 조사에 따르면 국무총리와 각 부처 장관, 대통령비서실장, 중앙정보부장 같은 정치 엘리트의 비율이 3공화국(박정희) 25%, 4공화국(유신체제) 20%, 5공화국(전두환) 29%에 달했다.

노태우 대통령은 전두환 대통령과 같은 육사 11기에 TK(대구·경북) 인맥이었으나 집권 직후 '문민(文民)'과 손을 잡으면서 정부 요직 인사에서 군 색채를 옅게 했다. 여소야대의 한계를 극복하기 위해 김영삼 총재의 민주당을 포함해 3당 통합을 했기 때문이다.

절대 권력자 박정희의 분할통치

박정희 대통령의 인사 스타일은 '분할통치(divide and rule)'로 통칭된다. 절대 권력자 체제에서 '2인자' 자리를 차지하려는 측근들 사이의 암투가 끊이지 않았는데, 오히려 그런 현상을 적절히 활용해 상호 경쟁과 견제를 유도했다. 집권 초기의 비서실장 이후락과 중앙정보부장 김형욱, 후반기의 경호실장 차지철과 중앙정보부장 김재규 사이에 벌어졌던 파워 게임이 대표적이다. 그들은 권력을 조금이라도 더 움켜쥐려고 대통령을 향해 충성 경쟁을 했다.

박정희식 분할통치의 대표적인 사례는 1973년에 발생한 '윤필용 사건'이다. 수도경비사령관 윤필용이 중앙정보부장 이후락에게 "박정희 대통령은 노쇠했으므로 형님이 후계자가 돼야 한다"라는 취지의 말을 했다가 윤필용과 그를 따르던 군 장성들이 쿠데타 모의 혐의로 처벌받은 사건이다.

경호실장 박종규를 통해 윤필용의 발언을 보고받은 박정희는 보안사령관 강창성에게 철저한 수사를 지시했다. 하지만 쿠데타 모의 혐의를 입증하진 못했다. 그러자 업무상 횡령·알선수뢰·특정범죄가중처벌법 위반·군무이탈 방조 및 비호 등 8개의 죄목을 적용해 윤필용 일파를 구속했다.

그 무렵 박정희 정권에서는 이후락, 박종규, 윤필용, 강창성이 이너서클 안에서 파워 게임을 벌였는데, 이후락과 윤필용이 가까워지자 권력의 균형이 깨질 것을 우려한 박정희가 윤필용과 그 추종 세력을 제거한 사건이라는 해석도 있다.

그러나 박정희의 이런 분할통치는 결과적으로 정권을 파멸시켰고 본인의 목숨마저 앗아 갔다. 1979년 10월 26일 궁정동 안가에서 김재규는 박정희를 쏘기 직전 옆에 앉은 비서실장 김계원의 허벅지를 툭 치며 "각하를 똑바로 모십시오"라고 했다. 그러곤 차지철을 겨냥해 "각하! 이 따위 버러지 같은 자식을 데리고 정치를 하니 똑바로 되겠습니까" 하고는 방아쇠를 당겼다.

그 무렵 차지철은 집무실에 "각하를 지키는 것이 나라를 지키는 것이다"라는 글씨를 붙여놓을 정도였다. 이런 충성심이 분할통치의 다른 축인 김재규의 심기를 건드렸다는 분석도 나왔다.

대를 이은 '육법당'

박정희 대통령과 전두환 대통령 시절엔 육군사관학교와 서울대 법대 출신이 인재풀의 대부분을 채웠다. 육사와 고시 출신을 빼면 검증된 엘리트층이 별로 없던 시대였다. 특히 전두환 정권이 출범하면서 신군부 출신이 만든 민주정의당에 육사와 서울법대 졸업자가 많았다. 야당과 언론에서는 민정당을 '육법당(陸法黨)'이라고 비꼬았다. 서울법대 출신들이 군사정권을 떠받친 머리와 손발 역할을 했기 때문이다. 당시 서울대 졸업생들 중엔 정통성이 없는 권력과 야합해 사회와 역사를 어지럽히는 데 동문들이 동원됐다는 자성론이 일기도 했다.

그런데 '육법당' 이야기가 박정희 대통령의 딸 박근혜 대통령 시절에 다시 회자됐다. 박근혜 대통령 취임 첫해인 2013년 8월 6일에 단행한 청와대 비서실 인사를 계기로 당시 진보성향 매체들은 '육법당의 부활'이라는 제목을 달아 기사를 내보냈다. 청와대 수석비서관과 정부조직법상 기관장을 포함해 60명 가운데 육사와 서울법대 출신이 다수를 차지한다는 지적이었다.

당시 17부 3처 17청, 2원 5실 6위원회의 수장 60명의 출신 대학과 전공을 분석한 결과 서울대 법학과 출신이 9명, 비서울대 법학과 출신이 6명, 육사 출신 5명, 공사 출신이 1명이었다. 비서울대 법학과 출신을 포함해 '육법당'이 35%에 달했다.

'육법당'은 숫자도 많지만 핵심 요직을 장악했다. 청와대 비서실장(김기춘), 정무수석(박준우), 민정수석(홍경식), 경호실장(박흥렬), 검찰총장(채동욱), 감사원장(양건) 공정거래위원장(노대래), 국무총리(정홍원), 법무부 장관(황교안), 국가안보실장(김장수), 국정원장(남재준), 국방부 장관(김관진) 등이 그들이다.

동아일보 출신 비서관이 경향신문 사장 된 사연

1983년 11월 청와대 공보비서관 최재욱은 서울의 메디컬 센터에 입원해 있었다. 전두환 대통령의 미얀마(당시 버마) 방문을 수행했다가 아웅산 국립묘지에서 발생한 폭탄테러에 의해 큰 부상을 당했기 때문이다.

하루는 전두환 대통령과 부인 이순자 여사가 병문안차 병실을 찾았다. 대통령이 물었다. "완쾌되면 무슨 일을 하고 싶은가?" 최재욱이 답했다. "고향인 대구에 내려가서 조그만 신문사라도 하나 차려 열심히 운영해보고 싶습니다."

최재욱은 대구일보를 거쳐 동아일보에서 기자 생활을 했었다. 대통령이 말했다. "그래? 대구보다는 서울에 있는 신문이 나을 텐데…… 어쨌든 알았네!"

1986년 완전히 건강을 회복한 최재욱은 경향신문 사장으로 전격 선임됐다. 불과 46세였다. 언론사에서 정치부 차장까지만 지낸 청와대 비서관 출신이 중앙 언론사 사장 자리에 앉은 건 파격이었다.

전두환의 '보은'은 그걸로 끝이 아니었다. 최재욱은 이후 한국언론인금고 이사장, 청와대 대변인, 13·14대 국회의원을 거쳐 DJP 정권에서 환경부 장관을 역임했다. 지금으로선 상상조차 어렵지만 무소불위 권력을 휘둘렀던 5공에선 흔하게 일어나던 일이다.

이런 에피소드를 소개하는 건 5공 무렵의 대통령 인사권이 어떻게 낭비됐는지를 상징하는 일이기 때문이다. 대통령 인사권의 오·남용은 6공 이후 지금까지도 형태만 달리할 뿐 그대로 이어지고 있다.

대법원장 후보자 면접 본 청와대 비서관

육사 출신인 전두환·노태우 대통령 시절엔 서울법대 출신 박철언(국회의원·체육청소년부 장관 등 역임)이 인사에 깊숙이 개입했다. 박철언은 전두환 정부인 5공 초기에 검사직을 그대로 유지한 채 정무비서관(나중에 법무비서관)으로 청와대 파견근무를 했다.

조직 체계상 바로 위에 정무수석 우병규가 있었으나 박철언은 대통령과 핫라인이 있는 실세였다. 박철언은 국정 전반에 관여했는데, 그중엔 인사도 포함됐다. 일개 비서관이 대통령의 직접 지시를 받고 3부 요인 중 한 명인 대법원장 후보를 면접하기도 했다.

박철언은 1981년 3월 31일 오후에 전두환 대통령을 독대했다. 대통령의 지시에 따라 그동안 준비해온 대법원, 감사원, 헌법위원회, 선거관리위원회 구성을 위한 인사 자료를 보고했다. 20분쯤 지나자 우병규 수석이 들어왔다. 우 수석이 들어오자 대통령은 대법원장 후보로 올라 있는 유태흥 대법원 판사를 비롯해 김영준 감사원 감사위원, 김용철 대법원 판사를 만나 조용하게 대화를 나누어보라고 지침을 주었다.

다음 날인 4월 1일 11시 30분, 박철언은 우병규 수석, 판사 출신인 손진곤 민정비서관과 함께 사직동 유태흥 대법원 판사 자택을 찾았다. 유태흥 판사와의 면담은 한 시간에 걸쳐 이루어졌다. 다음 날인 4월 2일 정무수석실에서 김영준 감사위원을 만났다.

박철언의 면접 결과 보고서 등을 토대로 전두환 대통령은 유태흥 판사를 대법원장에 임명하고 국회에 동의를 요청했다. 권력자의 신임을 받으면 현직 검사인 39세의 청와대 비서관이 대법원장 인사에 막강한 영향력을 행사할 수 있던 시절이었다.

대법원장 면접을 끝낸 박철언은 이후 대법원 판사 내정자들을 차례로 면담했다. 모두 법조 선배들이기에 최대한 예우를 갖춰야 해서 하얏트 호텔에 방을 잡고 연락을 취했다. 그중 한 명이 판사 이회창이었다. 박철언은『바른 역사를 위한 증언 1, 2』*에서 이회창에 대해 일선 법원장의 경력도 없는 45세의 젊은 판사가 대법원 판사가 된다는 것은 엄청난 파격이었다며, 그럼에도 법원의 분위기 쇄신을 위해서는 그와 같은 젊고 소신 있는 사람이 새로 대법원 판사가 되어야 한다고 전두환 대통령에게 강력히 건의했다고 말했다.

그해 이회창은 대법원 판사 자리에 올랐다. 엄청난 파격이 박철언의 손에서 시작된 셈이다.

박철언은 1990년 3당 통합 후 YS와 치열한 권력다툼을 벌이다 패배한 뒤 '슬롯머신 사건'으로 검사 홍준표에 의해 구속된다. 박철언-YS는 천적인 셈인데, 이회창을 대권주자로 만든 일엔 둘이 결과적으로 손발을 맞췄다. 박철언이 강력히 천거해 대법원 판사에 앉힌 이회창을 나중에 김영삼 대통령이 중용하면서 '8년 대세론'을 구가했기 때문이다.

---

* 박철언, 랜덤하우스코리아, 2005.

6공 황태자의 이너서클 인사 주도권 다툼

박철언은 5공 시절에도 막강한 파워를 가지며 인사에 개입했지만 노태우 대통령의 6공 시절엔 '황태자'로 불렸다. 노태우 대통령 부인 김옥숙이 박철언의 외사촌 누나다.

6공 초기 박철언의 공식 직함은 청와대 정책보좌관이었다. 청와대 직제상 정책보좌관의 업무는 크게 네 가지였다. 첫째 북방정책 추진, 둘째 대북 비밀 접촉, 셋째 국내 정치 중장기 계획, 넷째 당면한 주요 현안 문제에 대한 심도 깊은 판단. 그런데 네 번째 업무인 '당면한 주요 현안 문제'를 광범위하게 해석하면 '인사'도 포함됐던 것 같다. 박철언은 5공에 이어 6공에서도 대통령의 인사권 행사에 막강한 영향을 미쳤다.

당시에는 대통령이 정당의 총재를 겸했으므로 인사에는 선거 공천도 포함됐다. 정권을 유지하고 국정을 안정되게 운영하기 위한 가장 중요한 인사권이 공천권이었다고도 볼 수 있다. 정권을 구성하는 참모들 입장에서도 공천권에 얼마나 접근하는지에 정치적 운명이 달려 있었다. 그런데 노태우 정부 창업 공신에 박철언만 있었던 건 아니었다. 논공행상에서 더 많은 지분을 가지려는 공신들이 '6공 황태자'를 심하게 견제했다. 박철언은 새로이 주류로 등장한 취임준비위원회(위원장: 이춘구 의원, 위원: 최병렬·현홍주·김중위·김종인·이진·강용식) 멤버들이 노태우 후보 당선 직후부터 자신을 배제하고자 움직였다고 밝혔다.

노태우 정부 초기 이너서클 주도권 다툼은 13대 총선(1988년) 공천에서 클라이맥스를 이뤘다. 당시는 '후보 경선' 같은 상향식 공천은 개념조차 없던 시절이다. 당 차원의 공천심사는 통과의례였고 여당 총재인 대통령이 공천권을 장악하고 있었다. 누가 대통령에게 영향력을 발휘해 지분을 많이 확보하는지가 관건이었다. 박철언은 노태우 대통령이 월계수 인재 중 대선 과정에서 공이 많은 유능한 인재를 찾아보라고 몇 차례 지시를 내렸으며, 몇몇 특정 인물들을 포함하라는 언질도 있었다고 밝혔다.

'월계수회'는 노태우 정권 탄생의 1등 공신인 사조직이었다. 1987년 대통령 직선제를 핵심 내용으로 하는 6·29 선언 직후 "대선에서 반드시 승리해 월계관을 쓰자"는 의미로 박철언이 만들었다. 대선 무렵 전국에 200만 회원을 둔 거대한 조직으로 성장했다.

노태우 대통령이 '유능한 월계수 인재' 발탁을 명한 건 곧 현실화됐다. 월계수회 소속 현역 국회의원은 처음엔 11명이었지만 13대 총선을 거친 뒤 60명을 넘어 여당 내 최대 계파가 됐다. 이들은 여당 총재인 대통령이 가진 공천권을 통해 속속 국회로 입성했을 뿐 아니라 국가 조직 곳곳에 진출했다. 논공행상이 임기 내내 이어진 사례인데 그 이후 정부에서도 비슷한 사례가 많다. 김영삼 정부의 '민주산악회', 김대중 정부의 '연청', 노무현 정부의 '노사모', 이명박 정부의 '선진국민연대' 등이다.

"경북고 다 쳐내려면 50년은 걸릴걸"

노태우 대통령은 4당 체제의 극심한 여소야대 정국 구도를 타개하기 위해 자신이 총재로 있던 민정당 주도로 김영삼의 민주당, 김종필의 공화당과 3당 통합을 했다. YS 입장에선 호랑이 굴로 들어간 셈인데, 민정계의 득세를 막기 위한 가장 유용한 수단이 바로 대통령 인사권을 일정 부분 확보하는 일이었다.

노태우는 모나지 않은 인사를 했던 걸로 많은 사람이 기억한다. 이는 특유의 성격 때문이기도 했지만 집권 초 단행한 3당 통합으로 여권의 실질적인 2인자였던 YS의 강력한 견제로 인해 어쩔 수 없는 측면도 있었다. 또 정계와 관가에 넓은 인맥이 있는 JP의 몫도 챙겨줘야 했다. 그러자면 '소신 인사'는 어차피 불가능했던 셈이다.

그럼에도 노태우는 TK 출신 고향 사람을 챙기는 데는 적극성을 보였다. 당시 국무회의 등 국정 관련 회의를 할 때면 동문인 경북고 출신 4~5명이 꼭 참석했다. 고교 동창회를 방불케 하는 국무회의가 열렸던 셈이다.

노태우 정권을 이은 김영삼 정권 초기 어느 권력 실세가 필자에게 한 말이다. "전두환·노태우 정권을 거치면서 경북고 출신이 사회 곳곳에 워낙 많이 포진했더라. 정·관계만이 아니다. 재계와 문화예술계, 언론계 등에 광범위하게 퍼졌다. 선배가 후배를 끌어주면서 점조직처럼 돼버렸다. 그렇다고 한꺼번에 쳐낼 수도 없다. 임기가 남은 사람도 많고……. 국정 운영에 지장이 없을 정도로 점차 다른 학교 출신들과 균형을 맞춰야 하는데, 완성하려면 50년은 걸릴 것 같다."

이후 경북고 출신이 떠난 자리는 김영삼 대통령의 모교인 경남고 출신들이 속속 채웠다. 필자는 김영삼 정부 때 청와대를 출입했는데, 참모들 상당수가 경남고 동창이었다. 이들은 자연스럽게 대통령비서실 안의 직급과 상관없이 학교 선후배 관계에 따라 서로를 '형' '동생'으로 불렀다. 노태우 정권의 경북고든 김영삼 정권의 경남고든, 혹은 김대중 정권의 목포상고든 이명박 정권의 포항 동지상고든 청와대에 특정 학교 출신이 포진해 있으면 그들의 인사권 행사로 사회 전반에 걸쳐 '동창회 정권'이 구축된다.

2장

소통령의 전횡과
'깜짝 인사'

#인사검증 #상도동 #경남고 #PK #민주산악회 #깜짝인사 #김현철
#하나회척결

 1987년 헌법 체제의 첫 집권자였던 노태우 대통령 시절에 언론 통제
가 대폭 풀렸지만, 완전한 언론 자유를 누렸다고 보긴 어렵다. 정권에
의한 보도 제한이 없는 시대로 진입하는 과도기였던 셈이다. 따라서 언
론을 철저히 통제했던 박정희·전두환 정권 때와 마찬가지로 대통령의
인사권 행사를 언론이 추적해 문제점을 지적하는 보도는 거의 없었다.
노태우 정권까지는 국회의 인사청문회는 물론이고, 언론 검증도 없던
시대였다.
 대통령의 인사권 행사에 대한 언론 검증은 민주화 시대를 이끌었던
김영삼 대통령의 문민정부에서 사실상 처음 시작됐다. 언론의 취재 보

도로 김영삼 대통령 차남 김현철의 인사 전횡이 국민에게 알려졌다. 언론에 의해 공개된 비선 실세 인사 개입의 첫 사례였다. 그런 측면에서 보면 이전 정권에서도 여러 라인의 실세들이 인사 농단을 저질렀지만 언론이나 국회의 견제 기능이 없었기 때문에 묻혔다는 말이 된다.

군 출신이 장악하고 있던 호랑이 굴에 들어가 우두머리가 된 김영삼 대통령은 집권 후 모든 분야에서 '문민화'를 시도했다. 대통령의 인사권 행사도 정권의 인적 구성에서 군 색채를 빼는 데 주력했다. 취임하자마자 보름도 되기 전에 '하나회' 출신 군부의 좌장 격이던 김진영 육군참모총장과 서완수 기무사령관을 전격 경질했다. 이후 임기 시작 100일 동안 대장 7명을 포함해 19명의 장성을 전역시키는 초강수를 뒀다. 당시 계급장에서 떨어진 별의 총수는 무려 42개였다.

하나회 척결로 김영삼 대통령의 국정 운영 지지율은 한때 90%를 넘긴 적도 있었다. 하지만 하나회가 비운 자리를 김현철이 비집고 들어가 군의 주요 인사에 개입한 사실이 드러났다. TK·경북고 동문 중심의 하나회를 해체하고 그들이 차지했던 요직을 PK·경남고 동문 중심 군 출신들이 메웠는데, 군 외에도 사회 각 분야에서 같은 패턴이 반복됐다. 여기다 김영삼이 야당 생활을 할 때 동고동락했던 '상도동계'와 사조직 '민주산악회'도 5년 동안 전성기를 누렸다.

"군화는 등산화에, 등산화는 운동화에 밀려났다"

'동창회 인사' '보은 인사'를 할 때 가장 만만한 자리는 공기업 임원직이다. 박정희·전두환·노태우 대통령 시절 공기업의 장은 거의 군 출신들로 채워졌다.

그러나 김영삼 대통령이 취임하면서 퇴역 장성들의 노후대책은 불안해졌다. 대통령이 정치를 하면서 키운 사조직이 낙하산 인사의 수혜자가 됐기 때문이다. 그 무렵 정가에서 "등산화가 군화를 밀어내고 있다"는 말이 나왔다. 등산광인 김영삼 대통령이 조직한 '민주산악회'가 공기업 임원을 공급하는 루트였기 때문이다.

국영기업체의 경우 사장급 10여 명을 포함해 요직을 차지한 60여 명의 인사가 모두 민주산악회 출신이었다. 당시 한국마사회는 권력의 돈줄이란 소문이 무성했는데 민주산악회 출신이 지휘부를 장악해버렸다. 마사회 회장 오경의, 부회장 김용각, 총무이사 노병구를 포함한 주요 임원들뿐만 아니라 경마보안직, 심지어 계약직에도 민주산악회 출신이 줄줄이 낙하산을 타고 내려갔다.

공기업 낙하산 인사로 논란이 끊이지 않자 김대중 대통령은 1999년에 공공기관장 공모제를 도입했다. 하지만 공모제는 형식이었고 대통령 측근을 앉히는 건 과거와 마찬가지였다. 공모제를 통해 명분을 확보하고 잇속은 잇속대로 챙긴 셈이다.

김영삼과 김대중 정부 시절엔 각각 '상도동계'와 '동교동계' 정치인들도 대거 공공기관에 진출했다. 당시 통계에 따르면 김대중 정부 집권 첫해인 1998년에는 22명의 정치권 인사가 공공기관장에 임명됐다. 1999년엔 23명, 2000년엔 39명으로 점차 불어났다. 한국마사회에도 오영우·서생현·윤영호 등 민주당 출신 정치인들이 회장 혹은 사장 직함을 갖고 줄줄이 투입됐다.

노무현 대통령 시절엔 취임 초부터 '청맥회'라는 모임이 공기업 진출의 파이프라인이었다. 청맥회는 노무현 정권 탄생에 기여한 공로를 인정받아 공기업 및 유관 기관에 장(長)이나 감사로 진출한 인사들의 친목 단체였다. 당시 청맥회 출신 정치권 인사 134명이 112개 정부산하기관, 공기업 등의 회장·감사 등에 포진했다.

진보정권인 김대중·노무현 대통령 때 공기업에 대거 진출한 인물은 주로 학생운동권 출신이었기에 "군화는 등산화에 밀려나고, 등산화는 운동화에 밀려났다"는 말도 나왔다. 군화, 등산화, 운동화가 그 시대 대통령의 인사권 행사에 의한 신분 상승의 상징이 됐던 셈이다.

"깜짝 놀랐제" YS의 밀실 인사

김영삼 대통령 시절엔 청와대 대변인을 통해 공식 발표되기 직전까지 대통령을 제외하곤 아무도 인사 내용을 몰랐다. 다만 '소통령'으로 불렸던 김현철이 천거한 인사라면 YS가 거의 내치지 않았으므로 부자(父子)는 알고 있었다. 간혹 대통령비서실장에겐 미리 알려주기도 했다. 김영삼 대통령은 김현철이 추천하지 않은 인물은 참모들을 통해 이런저런 천거를 받았는데 "그래, 그 사람이 괜찮겠다"는 등의 확실한 언질을 주는 경우는 없었다. 발표 당일에야 청와대 대변인을 불러 명단을 넘겨주는 식이었다. 검토 단계를 거쳐 사실상 낙점을 했어도 만일 대변인 발표 이전에 명단이 새 나가면 인사를 원점으로 돌렸다.

인사 비밀을 지켜야 하는 건 인사 대상자도 마찬가지였다. 당시 정치권 중진이었던 모 씨는 "내무부 장관을 맡겨주면 잘할 수 있겠느냐"는 YS의 전화를 받고 '충성 맹세'를 한 뒤 흥분됐다. 벅차오르는 감정을 억누르지 못해 친한 기자에게 자랑삼아 얘기했는데, 다음 날 신문에 「신임 내무장관에 모 씨 유력」이란 기사가 나갔다. YS는 불같이 화를 내며 '없던 일'로 만들어버렸다.

명대변인으로 이름을 날렸던 검사 출신 국회의원 박희태는 YS 정부가 출범하는 과정에서 법무부 장관 하마평에 올랐다. 다른 부처는 복수로 거명됐는데 법무부는 단독으로 오르내렸다. 그러자 주위 사람들은 박희태만 보면 장관 통보를 받았느냐고 물었다. 하지만 누구에게서도 아무런 언질을 받지 못한 상태였다. 그렇게 꽤 긴 날이 흘렀다.

어느 날 아침 당선자 신분의 YS로부터 전화가 왔다. "대변인, 내가 일부러 말을 안 하고 있는지 알지요? 대변인은 짐작할 거야. 그럼 잘 있어요." 그게 끝이었다. 장관 자리를 준다는 말 같기는 한데 확신은 없었다.

며칠 후 국회에서 대통령 취임식 행사가 있었는데 초대 국무총리로 내정된 황인성 의원이 박희태에게 다가가 "이번에 같이 일하게 돼 기쁘다"고 했다. 박희태는 다음 날 자동차 안에서 새 정부 초대 내각 발표 뉴스를 들었는데 거기에 자신의 이름이 들어 있었다고 한다.

이런 일화들은 YS가 얼마나 인사를 중요하게 생각하는지 읽게 한다. 각오를 단단히 하라는 대통령의 귀띔을 받고 "곧 장관에 발탁된다"고 떠벌리는 사람은 내각에 들어가서도 중요한 국정 보안을 지키지 못할 거란 게 YS의 판단이었다. 이는 오랫동안 정보기관의 감시 대상이었던 야당 정치인의 본능일지도 모른다.

국가든 정치집단이든 모든 조직을 운영하는 데 있어 가장 중요한 게 사람을 적재적소에 배치하는 일이란 의미의 "인사가 만사"는 YS의 신조였다. 다만 YS는 다른 사람의 뛰어난 머리를 곧잘 빌리면서도 인사와 관련된 일은 제3자의 머리를 빌리지 않았다. 본인의 머리에서 나 홀로 인사 구상을 했고, 필요할 때 김현철과 비선 실세의 요청을 들어주는 정도였다. 김영삼 정부 초대 청와대 비서실장을 지낸 전 국회의장 박관용의 훗날 회고다.

"(비서실장 2년 할 때) 정말 제일 중요한 게 인사 문제였습니다. 인사는 기본적으로 대통령의 뜻에 따라 다 이뤄집니다. 인사 문제를 건의하는 인사 참모 기능은 사실 거의 없다시피 했습니다. 비서실장의 추천도 있었지만, 대부분 대통령의 사조직과 측근들의 추천에 의존했지요. 다양한 인재 발굴 시스템과는 거리가 멀었다는 것입니다. 그러다 보니 정실 인사가 되고, 지역성이 포함되고, 편파적인 인사가 되는 거죠. 그렇기 때문에 실패하는 경우가 많지요.

물론 총무나 민정수석 양쪽에 모두 인사 기능이 있습니다만, 대통령이 비서실장과 상의하는 식으로 대개 인사가 이루어졌지요. 검증 절차는 민정수석 측에서 하게 되어 있는데 여기서는 사정 차원에서만 봅니다. 인사에 가장 중요한 것은 전문성, 적정성, 경력, 능력 같은 것인데 그것보다는 이 사람에게 어떤 흠결이 있느냐에 중점을 두니까 그게 문제였죠.

인사는 대통령의 의중에 의해서 결정됐습니다. 그런데 대통령의 의중은 첫째는 사조직, 둘째는 비서실장과 비서실에 의해 이루어지는 경우가 많았습니다. 사조직에는 대통령이 흉금을 털어놓고 얘기할 수 있는 친구들이나 조직, 친인척도 있을 수 있고, 김현철 씨도 포함될 수 있을 겁니다.

대통령이 '누구 좋은 사람 없나?' 하면 '어느 대학, 아무개 교수 능력이 뛰어납니다'라고 가까운 분들이 추천하고, 그러면 비서실장 등을 불러서 '똑똑하고 유능한 사람이 있다는데 한번 알아보세요' 합니다. 그러면 민정수석 쪽에서 그분에 대해 조사하는 방식이었습니다."

박관용은 뼈 있는 말 한마디를 덧붙였다. "제일 중요한 것은 대통령이 제도를 통해서 사람을 뽑겠다는 생각을 가지는 거죠."

대통령이 밀실에서 극소수의 사람들과 인선을 논의한 것은 인사권이 무소불위 통치권 범주 안에 있다고 착각했기 때문이다. 인사와 관련된 규정은 헌법과 법률에 명시돼 있다. 제도, 즉 시스템을 가동해야 인사 객관성을 확보할 수 있고, 나중에 책임에서도 자유롭다.

언론사 인사까지 주무른 김현철-이원종 라인

김영삼 대통령 임기 내내 김현철은 국정 문란 의혹을 받았다. 정부 요직 인사를 비롯한 국정 운영 곳곳에 막강한 영향력을 발휘한다는 소문이 파다했다. 그럴 때마다 김현철은 "사실무근" "정치적 음해"라며 강력히 부인했다. 그런데 녹음 파일 하나에 소통령의 국정 문란은 의혹이 아닌 사실로 확인됐다.

YS 임기가 1년도 채 안 남은 1997년 3월 김현철이 YTN 사장 선임에 개입했음을 확인해주는 전화 통화 녹음 파일이 언론에 의해 공개됐다. 김현철과 모 인사의 통화 내용이었는데, 1995년 3월 개국한 YTN 초대 사장으로 자매사인 연합통신 사장 현소환 대신 전 건설부 장관 김우석을 임명하는 방안을 놓고 나눈 대화였다.

문제는 이 통화에서 김현철이 청와대 정무수석 이원종과 YTN 인사 문제를 사전에 협의했다는 내용이 포함된 점이다. 특히 YTN이 정부재투자기관이었으므로 그가 다른 요직 인사나 국정 운영에도 관여하고 있다는 비판이 확산됐다. 더구나 통화에서 김현철이 "현소환 사장에 대한 안 좋은 보고가 계속 올라온다"는 얘기를 한 만큼 정보기관의 첩보도 접하는 위치였음을 읽을 수 있었다.

그 무렵 청와대를 출입한 필자는 이원종의 막강 파워를 몇 차례 느낀 경험이 있다. 김영삼 대통령은 이전 정권의 행정부 정무1장관과 정무2장관 직제를 없애고 대신 청와대에 정무수석비서관을 뒀는데, 특히 상도동 가신 그룹의 일원이었던 이원종의 위세는 대단했다.

이원종이 김현철과 함께 정부 요직 인사를 좌지우지하면서 검찰과 안기부 등에도 영향력을 행사하고 있다는 얘기는 청와대 안에서 파다했다. 당시 청와대 출입기자들은 대통령의 참모들이 머무는 비서동으로 매일 오전에 들어가서 정무수석과 20~30분가량 티타임을 가졌다.* 티타임에선 '오프더레코드'를 전제로 최고급 정보들이 화두에 오르는 경우가 많았다. 정부와 정치권 이야기는 물론 대기업 후계 구도까지 거론될 정도였다. 한번은 이원종이 당시 관심을 모았던 모 그룹의 후계 구도에 대한 자신의 생각을 밝혔는데, 실제로 그대로 됐다.

* 노무현 정부부터는 청와대 출입기자들이 비서동으로 가지 못했다.

3장

권력 스스로 채운
'방울과 목줄'

#인사청문회 #DJP #동교동 #목포상고 #호남 #연청 #보은 #홍삼트리오

2000년 6월 고위공직자의 능력과 자질, 도덕성을 검증하기 위한 인사청문회법이 국회에서 통과됐다. 초기엔 국회 동의를 거쳐야 하는 공직이 대법원장·헌법재판소장·국무총리·감사원장 등으로 제한됐다. 이렇게 김대중 정권에서 대통령 인사권 행사에 대한 견제 장치를 처음 만들었는데, 아이러니하게도 이 제도가 정권에 큰 부담을 주는 부메랑이 돼버렸다.

김대중 대통령이 사상 첫 여성 총리로 과감하게 발탁한 이화여대 총장 장상은 위장전입, 부동산투기, 아들 이중국적 의혹 등으로 국회 본회의 인준안이 부결되는 바람에 낙마했다. 한 달 뒤 매일경제신문 회장 장대환을 다시 총리로 지명했는데, 그마저도 세금탈루, 업무상 배임 횡령, 위장전입, 부동산투기, 학력 위조 의혹이 줄줄이 제기되면서 국회 인사청문회를 통과하지 못했다.

김대중 정권에 뼈아픈 '2연패'를 안기는 과정에서 입법부와 언론의 콤비플레이가 이뤄졌다. 언론이 취재를 통해 문제점을 발굴해 보도하면 야당 국회의원이 그걸 근거로 인사청문회에서 후보자를 몰아붙였다. 반대 경우도 있었다. 야당 의원이 제3자의 제보 등으로 청문회에서 문제를 제기하면 언론이 이를 보도하거나 보충 취재를 통해 쟁점화했다. 지금도 대통령의 인사권 행사를 견제하는 큰 기능은 언론보도와 국회 인사청문회가 나눠 맡고 있는데, 그 패턴이 장상·장대환을 낙마시킬 때와 별로 다르지 않다.

김대중 대통령은 첫 수평적 정권교체, 첫 호남 대통령, 첫 공동정부 구성의 주인공이다. 오랜 야당 생활의 버팀목은 호남 인맥이 포진한 동교동계였고 정권을 잡는 결정적 한 방은 전 국무총리 김종필과의 호남–충청 지역 동맹이었다. 대통령 인사권 행사도 이러한 테두리 안에서 이뤄졌다. 김대중 대통령과 김종필이 결별할 때까지 임기 전반기엔 김종필에게 몫을 떼줘야 했다. 국무총리와 경제부처 장관 인사권은 사실상 김종필이 정했고, 김대중 대통령은 도장만 찍었다.

보수 진영 출신인 JP가 각료로 추천한 인물 중엔 영남 사람이 더러 있었다. 그들이 호남 정권의 주요 장관직을 차지한 건 아이러니였다. 심지어 DJ의 정치 인생에서 항상 대척점에 있었던 TK 정치인도 주요 장관을 맡았다. 최재욱 환경부 장관, 이정무 건설교통부 장관 등이 그 예다.

그렇지만 사회 곳곳엔 호남 인맥이 거대한 물결처럼 진출했다. 목포상고를 중심으로 새로운 학맥이 형성됐다. 대선에 대비해 만든 '연청' 같은 사조직도 국가 주류 세력이 됐다. 임기 후반기엔 대통령의 아들들이 인사에 개입했다는 시비도 일어났다.

김대중 정권과 조선일보의 적대적 인사 공생

김대중 대통령은 오랜 야당 생활을 하면서 '동교동계'라는 가신 그룹을 구축했다. 동교동계는 정권 창출 과정에선 든든한 버팀목이었으나 집권 후 국정 운영에 그다지 도움이 되지 못했다. 대부분 행정 경험이 없었기 때문이다. 인수위 기간을 거쳐 첫 조각을 할 때부터 애를 먹은 이유다.

국정을 맡아본 적 없는 DJ맨들의 부족한 부분을 채워준 게 김종필 전 총리 사람들이다. 김대중 대통령은 김종필 전 총리 세력과 DJP 공동정부를 구성하면서 국무총리와 장관, 청와대 참모진 구성을 50 대 50으로 합의했기 때문에 임기 초반엔 대통령 인사권의 절반만 행사하는 처지였다. 양측은 협상을 통해 장관의 경우 경제 분야는 JP가, 비경제 분야는 DJ가 인사권을 갖기로 했다. JP가 발탁할 수 있는 인물 중엔 전두환·노태우 정권에서 국정에 참여한 경험자가 꽤 있었던 점도 감안됐지만 진보정권이 처음 들어섰으므로 정국 안정이 가장 중요했기 때문이었다.

그러나 청와대 참모진 구성까지 50 대 50으로 하기는 참으로 난감한 문제였다. 진보 진영의 리더인 DJ와 보수 진영의 아이콘 JP 쪽 사람들이 국정 컨트롤타워에서 손발을 맞추기 쉽지 않은 까닭이다. 집권 후 JP 진영이 합의대로 청와대 50% 지분을 요구했을 때 보수 진영 출신인 김중권 비서실장이 총대를 멨다. "청와대는 충성심과 대통령의 혼을 담는 사람이 와야 한다." 박정희 시절 2인자로서 국정에 참여해 청와대의 생리를 잘 아는 JP는 더 이상 고집을 부리지 않았다.

김대중 대통령은 매사에 꼼꼼한 성격대로 인사를 하면서도 '돌다리도 두들겨 보고 건너는' 방식을 선호했다. 본인이 심혈을 기울여 요직에 앉힐 인물을 골라놓고도 참모들을 통해 언론에 슬쩍 흘려 여론의 반응을 떠보는 식이다. 본인만 알고 있다가 '깜짝 발표'를 했던 영원한 라이벌 YS와는 인사 스타일조차 서로 상반됐던 셈이다.

실사구시형 인사를 표방한 DJ는 행정 각부 수장인 장관의 경우, 어느 인물을 내세웠을 때 국민 누가 봐도 적절한 사람이란 느낌을 가져야 한다는 생각이었다고 당시 참모들은 전한다. 그런 맥락에서 DJ 임기 동안 줄곧 언론매체들의 인물 평가가 인사의 중요한 기준이 됐다. 인사철마다 언론의 물망에 오르는 인물들을 모두 점검했다. 2단계는 그들을 대상으로 청와대가 갖고 있는 존안자료를 참고했다. 대통령에게 보고된 인사안은 최종 재가가 나기 전 다시 언론의 힘을 빌려 검증했다. 유력 일간지에 하마평을 슬쩍 흘려 여론의 반응을 점검하는 과정을 거쳤다.

김대중 정부 시절엔 청와대의 비서동이 하루에 오전과 오후 두 차례 한 시간씩 출입기자들에게 개방됐다. 기자들이 함께 몰려다니거나 개별적으로 비서실장과 각 수석비서관들의 방을 찾아가 자유롭게 취재했다. 이 과정에서 DJ의 '여론 떠보기용 특종기사'는 주로 판매 부수가 가장 많은 조선일보에 넘어갔다. 이 때문에 김대중 정부 청와대 기자실에선 인사 때마다 조선일보의 단독 보도로 '물먹은' 타사 기자들의 불만에 찬 목소리가 춘추관을 덮곤 했다.

이런 원성은 DJ 정부를 이은 노무현 정부가 청와대 기자들의 비서동 출입을 전면 금지한 이유 중 하나가 됐다고 필자는 생각한다. 당시 청와대 측이 "무한 취재 경쟁을 벌이니 조선·중앙·동아일보를 비롯한 메이저 언론에만 정보가 쏠린다"고 했기 때문이다.

DJ 자신을 수사한 공안검사를 민정수석으로 발탁

DJ식 실사구시 인사는 취임 후 조각 단계부터 시행됐는데 대표적 사례는 초대 통일부 장관으로 발탁한 강인덕이다. 1961년 중앙정보부 창설 멤버로 들어가 해외정보국장, 북한정보국장, 심리전국장 등을 역임한 정통 '중정맨'이다. 당연히 강경 보수 우파로 분류됐던 인물이다. 야당 생활을 하며 정보기관이 생산하는 색깔론에 시달려온 DJ가 그를 발탁한 건 파격이었다. 이념적으론 대통령과 코드가 맞지 않지만 중정에서 나온 이후 12년간 평화통일정책자문회의 이념분과 위원장을 지내는 등 북한 정보에 밝다는 점을 중시한 인사였다.

정당정치를 오래 한 김대중 대통령은 인사 때마다 여당 사람들에게 일정 부분 자리를 떼줬다. 46세에 과학기술부 장관으로 깜짝 발탁된 김영환은 당시 여당 대변인이었다. "개각 발표 전날 한광옥 청와대 비서실장이 전화를 걸어왔다. 당시 여당 대변인이어서 취재하는 기분으로 '누구누구가 입각하느냐'고 물어보니 한 실장이 '당신이 정부에 와서 일 좀 해야겠다'고 하더라." 김영환의 술회다.

YS와 달리 장관 임명 통보도 비서실장을 거쳤던 DJ는 다른 대통령들에 비해 중요한 인사를 할 때 참모의 의견을 비교적 많이 참고했다. 인사 수요가 생기면 해당 분야 참모 등의 추천을 받아 비서실장이 3~5배수를 대통령에게 올렸다. 각 명단의 비고란엔 각자의 특징과 장단점을 상세하게 적었다. DJ는 기록을 꼼꼼히 살펴본 후 참모진을 불러 토론을 벌였다. 퇴근할 때는 자료들을 관저로 가지고 올라가 몇 번을 혼자서 검토한 뒤 또 수차례 참모진과의 논의를 거쳐 최종 낙점했다.

김대중 정부 시기 청와대에서 인사 주무 부서는 법무비서관실, 보좌하는 부서는 민정비서관실이었다. 법무비서관실이 민정비서관실의 도움을 받아 존안자료 등을 검토한 뒤 인사 대상자와 관련된 수석비서관과의 논의를 거쳐서 인사안을 만들었다.

온갖 고초를 겪은 뒤 대통령이 된 DJ는 재임 중 여러 차례 '보은 인사'를 했다. 오랜 야당 생활을 하면서 박해를 받을 때 도움을 준 인물들을 찾아 요직에 앉혔다. 당시 개각과 공공기관 임원 인사가 잦았던 점도 가급적 많은 사람들에게 보은을 하기 위해서란 말이 나돌았다.

보은 인사의 대표적 사례는 민정수석비서관으로 기용된 신광옥을 꼽을 수 있다. 신광옥이 출입기자들에게 스스로 소개한 발탁 배경이 흥미롭다.

"내가 일선 공안검사 시절 민주화운동을 하던 '동교동 사람들'을 많이 수사했다. 나는 그들이 하는 일이 옳다고 생각해 결코 강압적으로 취조하지 않았다. 취조실에서 슬쩍 불러내 밥도 사주고……. 나에게 수사받았던 사람들이 지금 청와대에 들어가 있는데 당시 호의를 잊지 못해 나를 대통령에게 추천했다고 하더라."

DJ 버전 분할통치: 김중권 비서실장 발탁

김대중 대통령은 첫 청와대 비서실장으로 경북 울진 출신인 전 국회의원 김중권을 전격 기용했다. DJ와 수십 년을 동고동락해온 동교동계 가신 그룹은 패닉 상태가 됐다. 권노갑·한화갑 등 동교동계 가신 그룹의 핵심 인물은 대선 때 "임명직엔 진출하지 않겠다"고 선언했기 때문에 비서실장을 맡기 어렵지만 '호남' '진보' 안에서도 적임자는 차고 넘쳤다. 그러나 DJ는 전두환 대통령이 만든 민정당 사무차장까지 지내고 보수정당 소속으로 국회 법사위원장 등을 역임한 김중권을 선택했다. 권노갑은 훗날 저서 『順命(순명)』*에서 노태우 대통령의 정무수석비서관이었던 김중권이 비서실장에 임명된 것을 '충격'이라 표현하며, 김중권 비서실장이 DJ로부터 청와대 비서실의 역할 축소·개편 지침을 받은 것을 두고 김대중 당선인이 차기 정부의 핵심과제 중 하나에 대한

---

* 권노갑·김창혁, 동아E&D, 2014.

개혁 구상을 그에게 맡겼음을 강하게 확신했다고 밝혔다. 또 5공 세력이자 비민주화 세력의 본산이었던 민정당 출신인 김중권을 비서실장에 임명한 것에 대해 민주화 세력이 출범시킨 새 정권을 과연 잘 이끌어나갈 수 있을지 우려하는 한편, 김대중 당선자가 그를 기용한 것을 도무지 이해할 수 없었다고 회고했다.

권노갑이 경악할 일은 또 한 번 벌어졌다. 김대중 정부 초대 감사원장 자리가 김중권의 고려대 선배인 전 법무부 장관 이종남에게 돌아갔기 때문이다. 이종남도 DJ나 동교동계와는 아무런 인연이 없는 5, 6공 인사였다. 권노갑이 알아보니 이종남을 대통령에게 추천한 인물은 김중권이었다. 김중권은 "감사원장은 회계에도 밝아야 하는데 이종남은 공인회계사이기도 하다"고 설득했다고 한다. 김중권은 신(新)실세였다.

김대중 대통령이 김중권을 신뢰하게 된 건 계기가 있었다. 대선이 있던 해인 1992년 11월 초 노태우 대통령은 정무수석비서관 김중권에게 은밀한 심부름을 하나 시켰다. 여당 후보인 YS는 선거자금을 넉넉히 꾸려가고 있고, 국민당 정주영 후보는 재벌이니 신경을 쓰지 않아도 되는데, DJ는 어려움이 있는 것 같으니 '실탄'을 좀 주고 오라는 밀명이었다.

경호실로부터 와이셔츠 상자를 받은 김중권은 이를 전달했고, DJ는 사양하다가 받았다. 김중권은 얼마 후 국회에서 만난 권노갑이 귓속말로 "고맙다"고 하는 걸 듣고 그 돈을 당으로 내려보냈다고 생각했고, 노태우 대통령에게 보고했다. 민주투사인 DJ가 노태우 대통령으로부터 대선 자금을 받았다는 게 알려지면 큰일이 벌어질 게 분명했다. 김중권은 죽을 때까지 비밀을 지키겠다고 마음먹었다고 한다.

그런데 1995년 중국 베이징을 방문 중이던 DJ가 갑자기 숙소인 댜오 위타이(釣魚臺)에서 긴급 기자간담회를 하겠다고 공지했다(필자도 당시 야당 출입기자로서 베이징을 방문해 동행취재 했다). 여기서 DJ의 폭탄 발언이 나왔다. "1992년 대선 중반에 당시 노태우 대통령으로부터 위로금 명목으로 20억 원을 받았다. 모 비서관이 순전히 인사의 뜻이라며 줘서 받은 바 있다."

그 시점은 전두환·노태우 비자금으로 들끓고 있을 때로, 돌아다니는 여러 얘기 중엔 노태우 돈이 DJ에게 흘러갔을 것이란 소문도 포함됐다. DJ는 선제적으로 이를 실토했는데, 기자들은 돈을 전달한 '모 비서관' 이 당시 정무수석이었던 김중권 아니냐며 취재에 들어갔다. 그러나 김중권은 몰려든 기자들에게 "DJ는 모 비서관을 통해 20억 원을 받았다고 했는데, 나는 비서관이 아닌 수석비서관이었다"는 말로 빠져나가며 비밀을 지켰다.

이 일로 김중권을 신뢰하게 된 DJ는 다음 대선에서 당선되자 그를 초대 청와대 비서실장으로 전격 발탁했다. 단순히 보은 인사 차원은 아니었다. 상대 진영에 있던 인물을 핵심 요직에 앉혀 힘을 실어줌으로써 가신 그룹의 발호를 억제하는 효과를 노린 절묘한 인사였다.

"누구는 50년 동안 한 걸 5년 만에 하려니"

김대중 대통령은 실사구시 인사를 펼치긴 했지만 재임 중엔 호남 출신을 대거 발탁하기도 했다. 이전 영남 출신 대통령들의 지역 편중 인사를 바로잡는다는 측면도 있지만 정도가 심했다는 지적도 있다.

노무현 정부 출범 직후인 2003년 3월에 열린 '참여정부 국정토론회'에서는 서원석 한국행정연구원 인적자원센터 소장이 작성한 '이전 정부의 출신지별 정무직 인사 분석' 자료가 공개됐다. 이에 따르면 역대 정부의 정무직 출신 지역별 편중지수는 이승만 대통령 때 64로 가장 높다가 점차 완화되는 추세를 보였다. 그러다 전두환 정부 이후 김영삼 정부까지 호남 출신은 과소, 영남 출신은 과다해지면서 지역 편중지수가 다시 높아졌다.

김대중 정부에 들어서는 편중지수가 역대 정부 가운데 가장 낮은 15를 기록한 것으로 나타났다. 그럼에도 김대중 대통령 임기 후반기로 접어들면서 인사 편중 논란이 끊임없이 일어났다. 이에 대해 서원석 소장은 "고위직 인사에서 단기간에 호남 출신 비율이 증가했고 특히 '선호 직위'에 호남 출신 비율이 급증했기 때문"이라고 분석했다.

'선호 직위'는 업무 비중이 크고 총괄 조정 기능을 수행하며 승진이 예정된 핵심 자리다. 30개 정부 부처의 선호 직위 120개를 분석한 '선호 직위 역임자의 출신 지역별 변화 추세'를 보면 호남 약진이 읽힌다. 전두환 정부부터 김영삼 정부까지 10% 초반대였던 호남 출신 비율이 김대중 정부 들어 30% 가까이 치솟으면서 다른 지역 출신 인사들의 반감을 샀다.

　장관급 인사에서도 호남 인맥이 날개를 달았다. 김대중 정부 말기인 2002년에 발표된 이시원·민병익의 「우리나라 역대 정부 장관의 재임 기간 및 배경 분석」(『한국행정학연구』 제11권 3호)을 보면, 일단 영남 편중은 박정희 시대 이전부터 있었다.

　이승만 정부 시절에 영남 출신 장관은 23명으로 20.9%를 차지한 반면, 호남 출신은 7명으로 6.4%에 그쳤다. 이 시기 가장 많은 비율을 차지한 지역은 서울 출신(41명, 37.3%)이었다. 단명했던 장면 정부에서도 영남 출신 비율이 호남 출신보다 두 배가 높았다. 영남 출신은 15명으로 33.3%에 달했지만, 호남 출신은 8명으로 17.8%에 불과했다.

　박정희 정부에선 어떨까. 집권 18년 내내 영남 출신이 다수를 차지했다. 영남이 배출한 장관은 48명으로 33.8%, 호남은 18명으로 12.7%였다. 영·호남 비율은 유신 전(3공화국)과 유신 후(4공화국)에 차이가 난다. 유신 전에는 영남 출신 비율이 31.9%(29명)였다. 유신 후엔 37.3%(19명)로 올라갔다. 반면 호남 출신은 13.2%(12명)에서 11.8%(6명)로 내려갔다. 1971년 제7대 대선 당시 호남 출신 김대중이 박정희 정권에 도전했던 일, 유신 이후 친정 체제 강화와 연관이 있는 걸로 파악된다.

　전두환 정부에선 영남 출신 비율이 39.8%(41명)까지 올라갔다가 노태우 정부 때는 30.3%(30명)로 내려간다. 이 시기 호남 출신 비율은 각각 10.7%(11명)와 17.2%(17명)였다. 김영삼 정부의 영남 지역 편중 인사는 노태우 정부보다 더 심해졌다. 영남 출신은 37%(37명), 호남 출신은 18%(18명)였다.

이런 상황이 김대중 정부 들어 확 바뀌었다. 호남과 영남 출신이 각각 25.8%(23명)로 동률이었다. 호남 출신 대통령 탄생으로 '집권 프리미엄'이 작용한 결과였다. DJ 복심인 박지원은 당시 사석에서 "해방 후 50년 동안 한 일(영남 인맥 각계 포진)을 5년 만에 하려니 어렵다"고 했다.

DJ의 7인회, 박근혜의 7인회, 이재명의 7인회

김대중 정부에서 청와대 공보수석과 비서실장 등을 지낸 박지원은 "재벌은 자식이 원수이고, 권력은 측근이 원수"라는 명언을 남겼다. 역대 정권에서는 '측근 비리'가 끊이지 않았는데, 모든 비리는 '인사 비리'에서 태동했다. 그리고 그 인사 비리는 대통령의 측근들이 저질렀다.

2022년 대선 때 더불어민주당 후보 이재명의 측근 그룹인 '7인회'가 "집권하더라도 임명직에는 진출하지 않겠다. 우리부터 기득권을 내려놓겠다"고 전격 선언했다. 이재명의 지지율 정체를 돌파하기 위한 고육책이었다. 이재명의 핵심 측근을 자임한 7인은 정성호·김영진·김병욱·임종성·문진석·김남국·이규민이다.

그런데 '7인회 기득권 포기 선언'의 원조는 1997년 대선 때 김대중 후보의 측근 그룹인 동교동계 7인이었다. 그해 9월 권노갑·한화갑·김옥두·최재승·설훈·남궁진·윤철상 등 동교동 비서 출신 핵심 의원 7명은 기자회견을 열고 "집권할 경우 청와대와 정부의 정무직을 포함해 어떤 임명직 자리에도 결코 나서지 않겠다"고 선언했다.

김영삼 당시 대통령의 상도동계 가신 정치가 논란이 된 시점이었다. 호남 출신을 중심으로 한 가신 그룹이 임명직 진출 포기를 선언한 만큼 DJ는 집권 후 핵심 자리에 외부 인재를 앉힐 수 있는 공간을 얻었다. 경북 울진 출신 김중권을 초대 청와대 비서실장으로 발탁하며 '영호남 화합형 인사'를 상징할 수 있는 여지도 생긴 셈이었다. 당시 기득권 포기 선언에 참여한 모 인사는 "나중에 임명직에 진출하지 않겠다고 선언한 걸 땅을 치며 후회했다. 그렇게 안 했다고 선거에 지는 건 아니었을 텐데, 고생은 수십 년 동안 우리가 다 하고 남 좋은 일만 시켰다"고 토로했다.

그렇다고 임명직에 진출하지 않겠다고 선언한 DJ 가신 7인이 인사에서 손을 뗀 건 아니었다. 선언에 참여한 남궁진은 김대중 정부에서 임명직인 청와대 정무수석과 문화관광부 장관을 지냈다. 선언에 참여한 다른 실세들도 간접적으로 국정에 손을 댔다. 그들이 추천한 호남 출신이 요직에 속속 포진했고, 나중에 편중 인사 논란을 일으켰다.

김대중 정부에선 김영삼 정부의 김현철만큼은 아니지만 두 아들 김홍일과 김홍업도 인사 청탁 잡음이 있었다. 초대 청와대 비서실장 김중권의 회고다. "두 아들의 인사 청탁을 차단하는 지혜가 필요했다. 김홍일 의원은 현역 정치인이라 이해가 깊었다. 사실 대통령 친인척들이 각 부처의 장관, 관계자들에게 인사 청탁을 한 게 몇 번 보고가 돼서 법무비서관과 민정비서관을 불러 주의를 주라고 했다. 절대 안 된다고 했다. 나중엔 비서실장에게 직접 얘기하라고 했다. 나에겐 와봐야 안 된다는 걸 알 테니까."

한편 박근혜 대통령 시절에도 측근 그룹 '7인회'가 논란이 됐다. 친박 원로 그룹인 김용환·김기춘·김용갑·현경대·최병렬·안병훈·강창희인데, 6장 박근혜 정권 편에서 상세히 소개한다.

4장

정치권 주류 교체시킨
'칸막이 제도'

#인사청문회확대 #시스템인사 #코드 #회전문 #낙하산 #친노 #부산
#파격 #인사실험

김대중 정권이 도입한 국회 인사청문회는 노무현 정권에서 대폭 확대됐다. 2005년 1월 5일 임명된 교육인적자원부 장관 이기준이 부동산 투기 의혹 등으로 닷새 만에 자진 사퇴하자 노무현 대통령은 인사청문회 대상을 대폭 확대하라고 민정수석 문재인 등에게 지시했다.

당시 국무위원 전원을 상대로 국회 인사청문회가 추진되면 헌법의 기본 정신 위배, 대통령 인사권 및 국무총리 각료 제청권 침해 소지가 있다는 지적이 나왔다. 그러나 노무현 대통령은 청문 대상자 확대를 강행했다. 이는 취임 초기에 주요 공직자 인사 시스템을 추천(신설된 인사수석실)과 검증(민정수석실)으로 나눠 체계화했던 노무현 대통령이 민정 라인에 의한 청와대 자체 검증에 한계가 있음을 실감했기 때문으로 보인다.

'사람 사는 세상'을 만드는 게 꿈이었던 노무현 대통령은 산업화 시대에 억눌려 살아온 사람들이 제대로 대접받는 나라를 만들고 싶어 했다. 그런 이상을 실현하려면 대한민국 사회를 움직이는 주류를 바꿔야 했다. 한꺼번에 이룰 수는 없지만 민주화 세대를 중추로 내세워서 사회를 변화시키려 했다.

그런 국정 목표를 이루기 위한 수단은 대통령의 인사권 행사였다. 그런 측면에서 파악하면 노무현 정부 시절에 유난히 '코드인사' '낙하산 인사' 시비가 일어난 건 불가피했을 수도 있다. 다만 그 속도가 너무 빠르고 거칠어서 다양한 부작용이 발생했던 것이다.

비주류 출신 대통령이 인사수석실 만든 깊은 뜻은?

'인사수석'은 노무현 정부에서 신설된 자리다. 당선 직후 인사보좌관을 뒀다가 인사수석비서관으로 바꿨다. 노 대통령은 왜 인사수석을 둬야 한다고 느꼈을까. 당시 민정수석이었던 문재인은 인사의 독점을 막고 견제와 균형을 유지하기 위해 추천과 검증을 분리하는 원칙을 세웠다며, 검증 담당인 자신이 영남 사람이니 인사 추천을 담당할 인사보좌관은 호남 인물이 선택된 것이라 설명했다. 호남 출신 인사보좌관으론 광주 YMCA 사무총장 정찬용이 발탁됐다. 하지만 '인사보좌관' 직함은 얼마 지나지 않아 사라졌다. 노무현 대통령은 2003년 12월 비서실 직제를 개편하면서 인사보좌관실을 인사수석실로 격상했다.

노무현 정부에서 인사제도비서관, 인사관리비서관, 인사수석을 차례로 지낸 박남춘의 회고다.

"우수 인재 발굴과 인사 자료의 축적 및 관리, 인사 제도 개혁 등 본래의 설치 목적과 취지를 살리기 위해서는 진즉에 인사수석실 체제로 전환했어야 했다. 조직개편을 앞두고 인사보좌관실은 1수석 2비서관 체제를 제안했다. 인사 제도를 전담하는 비서관을 한 자리 더 신설해 본격적인 인사 제도 개선에 매달려보겠다는 복안이었다. 그런데 뜻밖에도 노 대통령은 인사보좌관실의 당초 제안에 비서관 한 자리를 더 추가했다. 등용의 기회가 적은 인사 소외계층을 대상으로 집중적으로 인재를 발굴하는 전담 비서관을 두라는 지시였다. 그 비서관에겐 '균형인사비서관'이라는 이름이 붙었다."

이처럼 노무현 정부 사람들은 인사수석실 신설 이유는 김대중 정부까지 민정수석실이 인사의 추천과 검증을 사실상 도맡아 했기 때문에 역할을 분담한 조치였다고 설명한다. 인사수석실에서 민정수석실, 그리고 대통령으로 올라가는 인사 3심제가 도입된 "역사적인 인사 혁명의 첫걸음"이라고 자찬한다.

그러나 사회 전반에 대한 개혁을 기치로 내건 노무현 정부에서 인사수석실을 만든 배경을 다르게 해석하는 시각도 만만찮다. 한국 사회의

'주류 세력 교체'를 위한 도구로 사용하기 위해 청와대 인사 라인을 확대 개편했다는 주장도 그중 하나다.

다음은 이명박 정부 초기에 인사 개입 논란의 한쪽 당사자였던 정두언 전 의원이 훗날 회고한 내용이다. 정두언은 이명박 정부의 창업 공신으로 대통령의 초기 인사에 적극 관여해 돌아가는 사정을 잘 알았다.

"노무현 정부는 우리나라에서 최초로 등장한 진정한 좌파 정부다. 좌파 정부의 특징 중 하나는 그 사회 내 주류 세력의 교체에 대한 강한 의지다. 그 의지의 발로로 탄생한 것이 인사수석비서관이다. 모처럼 잡은 좌파 정권이 사회 전반에 걸친 주류 세력의 교체를 이루려면 청와대가 직접 정부 전체의 인사를 장악해야 한다는 것이다. 하지만 세상 모든 일이 그러하듯 여기에는 큰 폐해가 뒤따랐다."

정두언이 지적한 폐해는 '내 사람 내 곁에'란 말이 나돌 정도로 특정 지역(부산·경남과 호남) 출신과 진보 진영 사람들이 급격히 주류로 등장하는 과정에서 발생한 사회갈등이다. 노무현 정부 다음에 들어선 보수 진영 이명박 정부는 처음엔 '원상회복'을 위해선 인사 라인에 많은 인원이 필요한 만큼 인사수석실을 유지하려 했던 걸로 보인다. 하지만 결국 노무현 정부에서 신설된 차관급 인사수석실은 이명박 정부에서 1급 인사비서관실로 축소된다. 정두언의 회고다.

"이명박 정부가 들어서 내각과 청와대의 그림을 다시 그리고 있을 때였다. 나는 MB에게 청와대 인사수석비서관실의 유래를 설명하며 그 폐지를 건의했다. '청와대에서 각 부처의 인사를 직접 챙기면, 장관이 무력화되어 그 부처에 대한 장악력이 떨어집니다. 그러면 공직사회가 겉돌게 되고 행정의 비효율과 낭비가 극심해집니다. 정권은 관료들을 움직여 일을 해야 하는데 장관이 바지 사장이 되고 관료들이 청와대의 눈치만 보게 되면 전 관료 사회의 역할이 부실해집니다'라는 요지의 건의였다. 돌아온 MB의 반응은 의외였다. 그러면 '이 사회 내에 침투한 좌파 세력들은 어떻게 척결하느냐'는 것이었다. 그러나 MB는 내 말을 조금 의식했는지 인사수석비서관은 두지 않고 비서실장 직속으로 인사비서관을 두었다."

하지만 이명박 정부는 결국 사회 주류를 보수 진영으로 다시 바꾸기 위한 작업에 들어갔다. 그 방식이 노무현 정부가 사용한 인사수석실을 통해서가 아니라 비선 실세들이 나섰다는 점이 다르다. 당시 대통령 인사권 행사에 비선이 어떻게 작용했는지는 5장에서 깊이 있게 다룬다.

"낙하산부대는 전황이 좋지 않은 곳에 투입"

노무현 대통령 시절 개각과 청와대 참모진 개편 때마다 꼬리표처럼 따라붙던 '코드인사' '낙하산 인사'는 결국 주류 교체를 위한 대체 인력 투입 작업이었다. 필자가 노무현 정부 청와대를 출입할 당시 정찬용 인사수석에게서 들은 얘기도 같은 맥락이다.

"전쟁이 나면 전황이 좋지 않은 곳에 낙하산부대를 투입해 상황을 장악한다. 인사도 마찬가지다. 우리와 코드가 맞지 않은 사람들이 장악한 곳을 방치한 채 국정을 운영할 수는 없지 않나. 가령 반개혁 성향 인물이 기관장이나 감사로 있는 공기관에 참여정부의 가치를 공감하는 사람을 투입해 분위기를 바꿀 필요가 있다. 그게 왜 나쁜 인사인가."

새로 집권한 세력 입장에서 이전까지 사회 주류가 나라를 잘못 이끌었다고 판단하면 주류를 바꿔 새 판을 만들어야 한다. 그 수단이 정부 요직 인사다. 대규모 판갈이 인사를 해야 하므로 그 작업을 하는 인원도 크게 늘어날 수밖에 없다. 수석비서관급 부서가 필요한 이유다.

신설된 인사수석비서관실엔 인사수석 산하에 3개 비서관(인사관리·인사제도·균형인사)을 뒀다. 비서관 산하에 모두 합쳐 15명 안팎의 행정관을 뒀으니 인사 라인의 전체 인원이 20명에 육박한 셈이다. 인사관리비서관실은 정무직, 산하기관장 등 인사를 관리하고 운용하는 역할을 했다. 비서관 밑에 6명의 행정관을 뒀다. 행정관 한 명이 3~4개 부처와 그 산하기관의 인사를 담당했다. 인사제도비서관은 공무원 인사 제도 전반에 대한 제도 개혁, 특정직 인사를 맡았다. '특정직'은 빅4 권력기관인 국정원·검찰청·경찰청·국세청과 외교부·국방부 등의 공직자다. 균형인사비서관은 여성과 장애인, 이공계 및 지방대 출신 등 공직 인사에서 소외받기 쉬운 계층에서 우수 인재를 발굴하는 업무를 담당했다.

노무현 정부에서 인사수석실 주도로 낙하산부대를 투입해 주류 교체에 나선 만큼 역작용도 피할 수 없었다. 교체되는 진영의 저항이다. 실제로 진보정권 노무현 정부 다음에 들어선 보수정권 이명박 정부에선 원상복구 작업을 벌였다. 이명박 대통령직인수위 단계에서부터 요직 인사에 깊숙이 관여한 박영준은 당시 "진보정권 10년을 거치며 공직사회에서 TK의 씨를 말려놨더라"고 했다.

"참여정부 인사의 최고 실세는 시스템"

노무현 정부 청와대에서 민정수석과 비서실장을 지낸 문재인은 "참여정부의 인사 시스템이 제대로 작동될 수 있었던 가장 중요한 요인은 노무현 대통령이 그 시스템을 존중하고 스스로 기속됐기 때문"이라고 분석한 바 있다.

문재인에 따르면, 노무현 대통령은 처음부터 끝까지 인사 시스템 속에서만 인사를 했고, 인사추천회의의 결정을 존중했다. 때때로 참모진이 대통령의 의중을 미리 알게 되는 경우도 있었다고 한다. 드문 일이었지만 대통령이 특정인을 후보군 속에 포함해 검토해달라고 요구하거나, 평소 특정인에 대해 호감을 보이는 등의 경우였다. 그러면 인사수석실은 그를 후보군에 포함해 검토하게 되는데, 그런 경우에도 인사추천회의에서 부적격 판정을 내리면 대통령은 그에 따랐다고 한다. 참여정부 인사의 최고 실세는 시스템이란 말은 결코 수사(修辭)가 아니었다는 게 문재인의 자평이다.

노무현 정부에서 인사 라인에 있었던 한 참모도 필자와 만난 자리에서 대통령이 발탁을 검토해보라고 했던 인물을 자신이 부적격 판정을 내려 무산시켰다는 무용담을 들려줬다. 노무현 대통령이 어떤 강도로 검토를 지시했는지 모르지만 실제로 그런 일이 있었다면 높게 평가받아야 한다. 하지만 어느 정부나 피하기 어려웠던 논공행상을 하면서 전문성 같은 객관적 잣대로 정말 엄중하게 인사를 했는지는 알 길이 없다.

홍보수석 발탁에 20일 동안 '엠바고' 걸린 사연은?

노무현 대통령은 인사청문회 대상자의 범위를 대폭 넓힌 뒤 여론의 견제를 받아 몇 차례 인사 파동을 겪었다. 고심 끝에 민심이 만족하는 사람을 쓰기 위해 임기 중반에 두 갈래의 인사 실험을 단행했다.

첫째, 고위 정무직 공무원 후보자의 신상을 공식 인사 발표 전에 공개해 여론의 검증을 받는 방식이다. 정식 임명 절차에 착수하기 1주일 전쯤 후보자를 복수로 공개한 뒤 여론의 검증을 거쳤는데, 잠깐 활용하다 중단했다. 공개된 후보자 가운데 최종 임명에서 배제된 인물은 뭔가 큰 결점이 있는 것 같은 인상을 주며 치명적인 명예훼손을 당하는 결과를 낳았기 때문이다.

둘째, '물타기'다. 취임 이후 줄곧 '코드인사' 논란에 휘말려온 노무현 대통령이 생각해낸 것으로, 공직 내정자를 일찌감치 언론에 흘려 비판 분위기의 김을 빼버린 뒤 정식 임명하는 방식이다.

2005년 2월 17일 청와대 홍보수석에 정식 임명된 조기숙 이화여대 교수가 대표적이다. 조기숙 수석 발탁 사실은 공식 발표가 나오기 무려 20일 전쯤에 청와대가 출입기자들에게 '엠바고'를 걸어 귀띔해줬다. 이병완 전임 홍보수석이 건강상 이유로 사의를 표명한 직후였다. 정부 요직 인사 내용의 엠바고 기간은 통상 2~3일에 불과한 데 비해 조기숙의 경우 그 기간이 상당히 길었지만 이유를 명확히 설명하는 청와대 관계자는 없었다. 그러자 청와대 기자실에선 "일부 언론을 중심으로 비판 여론이 들끓을 것에 대비해 물타기를 하고 있는 것 아니냐"는 말이 나왔다.

이대 교수 시절 조선·동아·중앙 등 보수언론과 날카롭게 대립각을 세웠던 조기숙이 청와대 언론 정책의 책임자가 될 경우 시비가 일어날 게 분명하므로 '적대적' 언론사들도 미리 알게 해 김을 뺐다는 얘기다. 벼르고 있던 일도 너무 오래 지나면 좀 시들해지는 법이다.

부산 친노의 맏형 격인 이호철 전 민정비서관이 같은 해 2월 25일 제도개선비서관 직함을 달고 청와대로 복귀하던 과정도 같은 맥락에서 이해될 수 있다. 참여정부 초기에 '좌(左)희정, 우(右)광재, 중(中)호철'로 불릴 정도로 노무현 대통령의 신임을 받았던 이호철이었다. 실세 이호철이 청와대에 재입성할 경우 '노사모 386'이 다시 청와대를 장악한다는 지적이 나올 게 뻔한 시점이었다. 당시 '이호철 청와대 복귀설'은 한 달 이상 나돌았고, 그사이에 기자들의 비판적 관심은 희미해졌다.

5장

인사 주도권 둘러싼
'이너서클 혈투'

#인사백서 #영포라인 #S라인 #만사형통 #박영준 #정두언 #친이 #고소영
#강부자

이명박 정권에선 비선 실세들의 인사 주도권 다툼이 워낙 치열해 충돌하는 소리가 청와대 밖으로 계속 들릴 정도였다. 하지만 전체적으론 현대건설 CEO 출신인 이명박 대통령이 설정한 '실용인사' '개방인사' '윤리인사'가 어느 정도 실행됐다고 자체 평가한다. 이를 토대로 이명박 정부는 집권 5년을 종합 정리한 백서에 처음으로 '인사 분야'를 포함했다.

다만 이명박 정부가 출범 초부터 인사 난맥상을 보여 큰 상처를 안고 임기를 시작한 건 객관적 사실로도 확인된다. 첫 인사부터 '고소영'(고려대·소망교회·영남), '강부자'(강남 땅 부자), 'S라인'(서울시청 출신)이라는 비아냥거림을 듣더니 정권 이너서클 사이에 인사 주도권을 놓고 거의 전쟁을 벌이다시피 했다.

기업가 출신인 이명박 대통령은 정부 요직 인사도 기업처럼 실용 노선을 걸을 것이라는 기대를 모았다. 실제로 일부 공기업 인사에선 기업체 CEO 출신을 발탁해 쇄신에 나서기도 했다. 하지만 그런 실용인사는 권력의 핵심부 자리를 차지하기 위한 실세들의 경쟁이 내는 요란한 잡음에 묻혀버렸다.

이명박 대통령의 친형인 전 국회부의장 이상득, 청와대 '왕(王)수석'으로 통했던 박영준, 혈기에 불타오르던 전 국회의원 정두언이 벌인 인사 전쟁은 장편 드라마를 방불케 했다. 어느 정권, 어느 국정 분야와 마찬가지로 이명박 정부의 인사정책도 공과가 있는 셈이다.

대통령의 국정운영백서에 처음 포함된 '인사권 행사'

대한민국 정부가 펴낸 『이명박정부 국정백서(2008.2~2012.2)』는 1권 '총론'부터 12권 '재임일지·어록·인사'로 구성돼 있는데, 인사 분야가 국정운영백서에 포함된 건 역대 정부에서 유일하다. 인사 분야의 집필·감수 책임은 5년 동안 인사비서관과 인사기획관으로서 인사 라인을 이끌었던 김명식이 맡았다.

백서에 따르면, 이명박 정부의 인사 운영 기조는 ① 실용인사 ② 개방인사 ③ 윤리인사다.

'실용인사'의 핵심은 정책을 잘 이해하고 업무처리를 효과적으로 하는 능력 있는 사람들을 찾는 작업이었다. 그런 원칙을 바탕으로 과거 정부에서 정무직을 역임했더라도 이명박 정부의 국정 목표에 뜻을 같이하고 능력이 검증된 인사는 주요 직위에 등용했다.

'개방인사'는 '실용인사'의 연장선에서 구체화되는 인사 원칙이었다. 공개 모집이나 추천 등 다양한 방법을 통해 적소에 적재를 배치하는 노력을 기울였다고 백서는 밝힌다. 이를 위해 과거 정부 인사는 물론 외국인도 공직 후보군에 포함했다.

'윤리인사'는 전문성·경험 등 직무 적합성을 묻는 일반적인 능력 외에 도덕적 측면에서 흠결이 없는지 점검하는 인사 기준이다. 이명박 정부에선 민정수석실의 고위공직자 후보군 검증 강화를 위해 '사전 질문서'를 처음 만들었다.

백서에 따르면, 이명박 정부 때 대통령이 직접 임명장을 수여하는 국가의 주요 직위 중 정부에서 중추적 역할을 담당하는 차관급 이상 정무직 공무원과 이에 상당하는 특정직 기관장 직위는 156개였다. 이 중 행정부에 소속된 직위가 130개이며, 헌법기관에 속한 직위가 26개(대법관 14, 헌법재판관 9, 중앙선거관리위원 3)이다. 중앙선거관리위원회 위원은 모두 9명이지만 3명만 인사청문을 거쳐 대통령이 직접 임명하고, 나머지 6명은 국회와 대법원장이 각각 3명씩 인사청문을 거쳐 선출 또는 지명한다.

원칙적으로 대통령의 인사 범위는 헌법이 대통령에게 부여한 책무를 효과적으로 달성할 수 있도록 국가의 모든 공공 분야를 아우른다. 그러나 모든 직위에 대한 인사를 대통령이 다 행사할 수 없으므로 비교적 중요한 직위에 대해서만 직접 행사하도록 법령에 규정하고 있다.

이에 따라 법령상으로는 앞서 살펴본 주요 핵심 직위를 포함하여 8,593개 직위(국정원·군인 제외) 직위가 대통령의 인사권 행사 대상 범위로 돼 있다. 그중 국가원수의 지위에서 행하는 대법원장 등 26개를 제외하면 행정권의 수반으로서 행하는 인사 대상 직위는 8,567개다. 이는 정부의 각 행정기관에 6,597개, 각종 정부위원회에 1,704개, 미수복지 명예시장·군수 97개, 그리고 공공기관 등에 있는 169개를 합친 숫자다.

대통령은 '기업가형' 측근은 '논공행상'

초기 장·차관과 대통령수석비서관 등 요직 인선 작업은 외형상 대통령실장* 류우익이 주도했다. 그런데 서울대 교수 출신인 류우익 본인부터 이명박 후보 시절 싱크탱크인 국제전략연구원(GSI)을 이끌며 서울시장 선거 때부터 자문 역할을 한 'S라인'이었다.

이명박 정부 공식 출범을 전후해 인선 실무와 검증 작업을 맡은 인물은 서울시장 정무보좌역과 당선인비서실 총괄팀장을 맡았던 청와대 기획조정비서관 박영준이었다. 여기에 서울시 행정국 부이사관으로 인사

---

* MB 정부에선 '대통령비서실'이 아니라 '대통령실'이 공식 직제였다.

비서관실에 파견근무 중이던 행정관 윤한홍이 깊숙이 참여했다.

정두언은 인선 초기 후보군 리스트 작성을 맡았는데, 주도권이 류우익 - 박영준 - 윤한홍 라인으로 넘어간 후엔 인사가 어떻게 진행되고 있는지 과정조차 알지 못할 정도로 소외당했다. 이들의 업무영역 중엔 논공행상 순번 매기기가 많았다.

당시 청와대 측은 인사 라인을 특정인 세 사람으로 한정한 데 대해 이렇게 설명했다. "정치권을 비롯해 여러 사람의 입김이 인사에 작용하면 학연·지연·혈연은 물론 정치적 이해관계 때문에 꼭 필요한 '베스트 오브 베스트'를 적재적소에 쓰지 못할 수 있다는 이명박 대통령의 '실용적 인사관' 때문이다."

그러나 이런 방식으로 몇 사람이 극도의 비밀주의를 바탕으로 수많은 인사를 다루다 보니 광범위한 자료와 여론 검증에 의한 크로스체크나 스크린 작업을 어렵게 만들어 '인사 사고'로 이어졌다.

초기 인사참모 라인은 검찰·경찰·국세청 등 사정 기관 소속 파견공무원 15명으로 '검증팀'을 운용해 5천여 명의 초대 장·차관, 수석비서관 등의 후보군을 살폈다. 하지만 실제 후보군으로 압축돼 개인정보제공동의서를 받고 정밀 검증 작업을 거친 인사는 90명 선에 불과했다고 한다. 의욕에 넘쳐 이전 정부가 구축한 인재 DB를 훑었지만 실제 발탁할 대상은 이명박 당선자와 인연이 있는 인물들로 한정됐던 셈이다.

서울시청 라인에서만 기획재정부 장관 강만수(서울시정개발연구원장), 행정안전부 장관 원세훈(서울시 행정1부시장), 문화체육관광부 장관 유인촌(서울문화재단 대표), 여성부 장관 변도윤(서울여성플라자 대표), 보건복지부 차관 이봉화(서울시 여성가족정책관), 대통령 민정수석 이종찬(서울시장 법률자문역), 사회정책수석 박미석(서울복지재단 대표)이 줄줄이 등용됐다.

이명박 대통령은 자신과 인연이 있는 사람을 대거 발탁하면서도 가급적 관료를 선호하며 실용적인 면모를 보이기도 했다. 초기에 인선된 국무총리와 장·차관, 청와대 수석비서관·비서관 94명 중엔 관료 출신이 54명(57%)으로 가장 많았다. 다음이 학자(18명), 언론인(9명), 정치인(6명) 순이었다. 94명 중 386 운동권 출신은 이태규 대통령 연설기록 비서관(한국항공대 총학생회장)이 유일했다. 진보정권인 노무현·문재인 정부는 출범부터 학생운동권 출신이 청와대를 장악했다.

이명박 정부가 들어서면서 노골적으로 '공기업 인사 물갈이'도 단행됐다. 진보정권 집권 시기를 '잃어버린 10년'으로 간주하고 기어코 되찾겠다는 의지가 엿보일 정도였다. 신호탄은 임기 초 한나라당 원내대표 안상수의 "김대중·노무현 정권 인사는 사퇴하는 것이 옳다"는 발언이었다. 이후 법에 의해 임기가 보장된 305개 공공기관장들에 대한 대대적 물갈이에 나섰다. 2008년 6월 24일 기획재정부 발표에 따르면, 이명박 정부는 305개 공공기관 중 임기 만료 또는 공석 중인 기관장을 제외하고 총 236명의 기관장에게 사표 제출을 요구했다. 결국 총 200명으로부터 사직서를 받았고, 131명을 면직시켰으며 69명에 대해서는 유임 결정을 내렸다.

그해 11월 참여연대가 발표한 「2008 공공기관장 교체 분석 보고서」는 이명박 정권의 공공기관장 교체를 질타했다.

"법에 보장된 기관장의 임기를 무시한 채 사표 제출을 강요해 위법 논란을 불러왔을 뿐 아니라 공공기관운영위원회를 파행적으로 운영해 새 기관장의 선임 과정상 적법성 시비를 불러왔다."[*]

MB 이너서클의 '120일 초단기 권력투쟁'

이명박 대통령이 당선된 건 2007년 12월 19일, 취임한 건 2008년 2월 25일이다. 그런데 대선에서 승리한 뒤 100여 일, 취임한 지 불과 40여 일 만인 4월 9일에 18대 총선이 있었다. 정권 창출에 따른 논공행상과, 여당으로 변신한 후 첫 선거에서의 공천 전쟁을 동시에 치르게 된 셈이었다.

이 때문에 이명박 정부 출범기 내부 권력 암투는 김대중·노무현 정부 때보다 훨씬 치열했다. 대선 승리 이후 불과 4개월 만에 인사 독주, 상왕(上王) 정치, 친위 쿠데타 등 보여줄 건 다 보여줬다. 신(新)야권과도 싸웠고, 박근혜계와도 싸웠고, 자기들끼리는 더 싸웠다. 이너서클의 주도권 다툼은 곧 자리 쟁탈전이었다.

당시 한나라당은 전체 299석 가운데 153석을 얻어 불안정하나마 과반 의석을 확보했다. 하지만 새로운 권력을 등에 업고 '개혁 공천'의 칼날을 휘둘렀던 이재오, 이방호, 정종복 등 'MB 정권 개국공신' 3인은

---

[*]　참여연대 행정감시센터, 2008.11.4.

몰살됐다. MB 핵심 측근으로 불린 출마자 20여 명 중 절반가량이 여의
도 입성에 실패했다.

친이 핵심의 몰락은 한나라당 내부 권력 암투의 부산물이다. 선거 기
간 중 '박근혜를 사랑하는 모임'(박사모)은 이재오·이방호·전여옥·박
형준·오세경 후보 등을 '살생부'에 올려놓고 낙선운동을 펼쳤다. 이 가
운데 살아남은 인물은 전여옥뿐이었다. '박사모의 저주'라는 신조어가
생겼다.

여기다 친이 진영 내부에서 벌어진 살벌한 파워 게임도 '이명박의 남
자들'이 대선 승리 후 불과 4개월 만에 쓰라린 패배를 당한 원인으로
분석됐다. 친이 핵심 간 헤게모니 다툼의 부산물인 인사 파동과 공천
갈등으로 이명박 정부는 출범 초기부터 여론의 따가운 눈총을 받았고,
유권자들이 그런 실망감을 총선에서 투표로 표출했다는 것이다.

당시 대선이 끝난 직후부터 친이 내부의 권력 암투는 심각한 양상으
로 전개됐다. 과거 정권의 경우 출범 초기엔 새 대통령을 중심으로 탄
탄한 친정(親政) 체제가 구축됐다가 임기 중반을 고비로 권력 갈등이
서서히 고개를 들었지만, 그때는 취임식도 하기 전에 헤게모니 다툼이
벌어졌다.

그 무렵 친이 세력은 세 갈래였다. 국회부의장 이상득, 국회의원 이
재오, 국회의원 정두언을 각각 핵으로 정립(鼎立)하는 구도였다. 이상득
그룹의 막후 실력자는 최시중 방송통신위원회 위원장이었고, 실무적으
로 권력을 행사한 인물은 이상득 보좌관 출신인 청와대 기획조정비서
관 박영준과 정무1비서관 장다사로였다. 대통령실장 류우익과 당 사무

총장 이방호, 사무부총장 정종복도 이 라인에 속했다.

이재오 그룹엔 공성진·진수희·차명진·이군현 등 현역 국회의원이 대거 포진했다.

정두언은 계파 장악력이 이상득이나 이재오보다는 떨어졌지만 'MB 직계'라고 부를 수 있는 그룹의 리더였다. 4·9 총선을 통해 국회 입성에 성공한 이춘식·정태근·백성운·조해진·권택기·강승규·김영우가 정두언 그룹으로 꼽혔다. 이들 대부분은 이 대통령의 서울시장 재임 시절부터 대권 플랜을 짠 '안국포럼' 출신들로 '하이서울팀' 멤버들이다. MB 직계는 심정적으로 이상득계보다는 이재오계에 가까웠다.

세 그룹은 대선 직후부터 총선 직전까지 두 차례 격전을 치렀다. 1차 충돌은 대통령직인수위가 구성되고 새 정부의 골격을 짠 12월 19일부터 2월 25일 대통령 취임식까지였다. 이 기간에 각종 공직 인선에서 이상득계와 이재오계가 양립하는 가운데 정두언이 간간이 힘을 행사했다.

첫 단계인 대통령직인수위 인선 과정에선 잡음이 일 정도의 힘겨루기는 없었다. 국지적 마찰은 있었지만 세 그룹 모두 어차피 한시적인 기구의 구성을 놓고 소모전을 벌일 필요가 없다고 생각했다. 이로 인해 인수위 구성은 이 대통령의 의중을 잘 아는 MB 직계(정두언계)가 주도해 짰고, 이상득계와 이재오계가 몇 사람씩 밀어 넣는 형태로 이뤄졌다.

그러나 조각과 청와대 참모 인선 과정에서 본격적인 충돌이 벌어졌다. 세 계파가 한 사람이라도 더 요직에 포진시키기 위해 치열한 신경

전을 펼쳤다. 결과는 이상득계의 완승이었다. 친동생인 이명박 대통령이 전폭적으로 힘을 실어준 결과다.

"만사형통? 사실이면 나라가 망했을 것"

이명박 정부 출범 이후 대통령의 친형인 한나라당 국회의원 이상득은 정치 2선 후퇴를 선언했음에도 정두언·남경필·정태근으로 대표되는 한나라당 소장파 의원들의 줄기찬 공격을 받았다. 충돌 지점은 요직 인사였지만 감정싸움을 하면서 광범위한 파워 게임으로 번지곤 했다.

언론에서 '남·정·정' 혹은 '정·남·정'으로 묶어 불렸던 소장파 세 사람은 자신들이 국무총리실과 국가정보원 등으로부터 불법사찰을 당했다고 주장하면서 이상득을 그 배후로 지목했다. 정두언은 이에 더해 '영포(경북 영일·포항) 라인'의 인사 전횡을 비판하면서 포항 출신인 이상득이 핵심이라는 의혹을 노골적으로 제기했다. 그러자 청와대 핵심 관계자는 언론에 "김태호 국무총리 후보자를 한나라당 소장파들이 추천했다는 것은 다 알려진 사실인데 이제 와서 이상득 의원과 청와대를 욕하는 것은 옳지 않다"고 반박했다. 소장파들이 인사 전횡 의혹을 제기하지만 자신들도 인사에 관여하지 않았느냐는 얘기였다. 당시 소장파들은 여권 지도부로부터 자제하라는 질책을 받았다.

필자는 소장파의 반발에도 침묵을 지키던 이상득과 어렵게 인터뷰를 할 수 있었다(2010년 9월 9일 오전 국회 의원회관 419호실 국회의원 이상득의 방에서 이루어진 인터뷰는 『신동아』 2010년 10월 호에 실렸다).

당시 불거진 영포회 논란은 총리실의 불법사찰 의혹과 인사 전횡 의혹이 묘하게 결합된 양태였다. 즉 총리실 공직윤리지원관실의 민간인 및 정치인 불법사찰의 배후에 이명박 대통령의 고향인 포항 출신과 포항에 통합된 영일 출신 고위공직자 모임인 '영포목우회'가 개입했다는 야당 주장에서 시작됐다.

이어 정두언·남경필·정태근 의원이 논란에 불을 붙였다. 세 사람 모두 부인의 사업과 관련해 당국으로의 제보 내지 당국의 조사가 있었던 것으로 알려졌다. 당시 영포회 논란이 진행되면서 세 사람이 이상득을 지목해 쏟아내는 언사의 수위는 점점 높아졌다.

정두언은 한나라당 연찬회를 박차고 나오면서 안에 있던 이상득에 대해 "영감이 자리에 있잖아……. 열 받아. 압력 주는 것도 아니고……"라고 막말을 했다. 정태근은 국정원으로부터 불법사찰을 당했다면서 "내가 고발할 줄 몰라서 하지 않은 게 아니다. 이 문제를 대통령과 이상득 의원에게 전하고 바로잡아달라고 말씀드린 바 있다"고 했다. 그는 이어 "이상득 의원에게 말씀드린 이유는 국정원과 청와대에 의해 사찰이 이뤄진 것을 이 의원이 알고 있었기 때문"이라고 했다. 남경필 의원도 비공개 연찬회에서 "(사찰 배후가) 누구인지 짐작 가는 분이 있다. 그러나 굳이 이 자리에서 공개적으로 밝히지 않겠다"고 말한 것으로 알려졌다.

이명박 정부에서 '영일대군'이라 불렸던 이상득은 '만사형통(萬事兄

通)'이란 말이 나돌 정도로 국정 운영, 특히 인사에 개입하는 걸로 알려졌다. 그러나 본인은 필자에게 항간의 그런 소문을 강하게 부인했다.

인터뷰 시점은 이명박 대통령이 국가정보원 인사를 단행했을 무렵이었다. 눈에 띄는 대목은 '이상득 라인'으로 꼽히던 코오롱 출신 김주성 기조실장이 물러나고 그 자리를 이명박 대통령의 서울시장 재임 시절 비서실장을 지낸 목영만 행정안전부 차관보가 물려받은 점이었다.

당시 정두언 등 소장파는 정치인 불법사찰 논란과 관련해 김주성의 퇴진을 요구해왔다. 따라서 이명박 대통령이 이들의 요구를 수용하는 모양새를 취하면서 논란을 종결짓자는 메시지를 소장파에게 보낸 것 아니냐, 이상득 라인이 퇴조하는 것 아니냐는 분석이 나왔다.

김주성 기조실장의 퇴진을 어떻게 보나요?

"김주성? 나는 그가 기조실장으로 간다는 것조차 상상도 못 해봤어요. 이번에도 (교체된 사실을) 신문 보고 알았는데 뭘. 그만두고 난 뒤에 전화는 한 번 왔어요."

같은 해 8월 13일 단행된 차관급 인사에선 이상득의 보좌관을 지낸 박영준이 국무차장에서 지식경제부 2차관으로 자리를 옮겼다.

"(박영준 씨가 차관이) 되어도 좋고 안 되어도 좋은 거지. 대통령이 필요하면 언제든 쓸 수 있는 겁니다. 어떤 사람들이 나한테 '박영준 좀 시키지 말라'고 하는데, 박영준 시키는 사람이 대통령이지 나인가요? 내가 대통령 보고 시키라, 시키지 마라 할 수 있나요? 내가 그렇게 말할 바보가 아닙니다.

내가 (코오롱) 사장 할 때도 인사권을 내가 행사했지. 누가 옆에서 그 사람 중역시키라고 한다고 시킨다? 그건 바보입니다. 대통령도 형님 말 듣고 친인척 말 듣고 인사 할 사람이 아닙니다. 그렇게 하지도 않았고. 그런 얘기를 하는 사람이 우스워요. 한 나라의 대통령이 인사권을 사사로이 가족들하고 상의하는, 그런 어수룩한 지도자라면 나라가 망할 겁니다.

인사는 대통령의 고유 권한입니다. 대통령이 권한을 행사하는데, 사사로운 관계로 간섭하면 안 되는 것이죠. (인사 전횡 논란은) 자기네들이 억지로 갖다 대는 건데, 내가 아는 사람이 어떤 자리에 간다고 해서 내게 이득도, 손해도 아무것도 없어요. 나는 이번에 (박영준 씨를 지식경제부 차관) 시킬 때도 전혀 몰랐어요. 8월 2일 해외 출장 갔다가 장·차관 인사 발표가 끝난 뒤에 왔으니까."

당시 이상득과 친한 전직 중진 의원은 "실제로 이상득에게 힘이 있느냐"는 질문에 이렇게 말했다. "대통령의 형이니 당연히 있지 않겠느냐. 그러나 본인이 정말 안 하려고 한다. 공교롭게 큰 인사가 있을 때면 외국에 나가버리는 것 같기도 하더라. 그러는 사이에 이명박 정부는 임기 후반기를 맞았다. 새로 청와대와 내각에 들어간 '신주류'가 인사권을 장악한 것 같은 느낌이 든다." 신주류는 임태희 대통령실장과 이재오 특임장관을 지칭하는 듯했다.

이상득의 인사 개입에 대해선 전혀 상반된 두 갈래 이야기를 동시에 들었다. 이명박 정부 청와대 인사 라인에서 근무했던 참모의 말이다. "5년 동안 다 합쳐야 10명도 채 안 되는 사람을 인사 추천한 걸로 안다. '이상득 부의장'을 팔면서 찾아온 사람은 꽤 있지만 확인해 보면 '응, 내게 잠깐 다녀가긴 했어. 신경 안 써도 돼'라고 말씀하시곤 했다. '이상득 부의장'을 판 95% 이상은 가짜였다." 그러나 당시 상황을 잘 아는 정치권 인사는 "이상득을 통해 청와대 인사 라인으로 넘어간 이력서가 엄청나게 많은 걸로 안다"고 했다.

MB 정부 초창기 파워 그룹 '6인회'

박근혜 정부 시절에 원로 그룹인 '7인회'의 인사 개입 문제가 처음 불거졌을 때 민주당은 7인회를 이명박 정부 탄생기의 '6인회'와 비교해 맹공을 가했다. 국회의원 박지원은 "7인회의 면면을 보면 수구꼴통이어서 나라를 맡길 수 없다. 이명박 대통령에게는 6인회가 있었다. 이명박 대통령을 만든 여섯 사람이 결국 반은 감옥에 갔고 나라를 망쳤다"고 주장했다.

MB '6인회'는 이명박 – 박근혜 후보가 치열하게 맞붙은 2007년 한나라당 대선후보 경선 때 활동한 이명박 캠프의 핵심 파워 그룹이었다. 이명박 후보 본인도 여기에 포함됐다. 여기에 친형인 국회부의장 이상득, 중진 국회의원 그룹인 박희태·이재오·김덕룡, 그리고 한국갤럽 전 회장 최시중이 멤버였다. 이들은 정권을 잡은 뒤 국회의장(박희태), 방송통신위원장(최시중), 특임장관(이재오), 민화협 대표상임의장(김덕룡)

등 요직에 올랐다.

특히 이상득의 포항 친구인 최시중은 '영포 라인'의 좌장 격으로 활동하면서 정부 요직이나 공기업 인사에 깊이 개입한다는 소문이 파다했다. 이상득이 '영일대군'으로 불렸을 때 최시중은 '방통대군'이란 별칭을 얻었다. 이명박 정부가 2008년 초 출범하자마자 초대 방통위원장으로 취임해 4년 동안 미디어법 개정과 종합편성채널 선정 등 정부의 방송 정책을 좌지우지했기 때문이다. 이명박 정부 초기 위세가 대단했던 최시중은 포항 사람이 운영하는 광화문 인근의 음식점을 자주 찾았다. 당시 최시중에게 눈도장을 찍어 새 정권에서 한자리를 차지하거나, 그해 실시된 총선에서 공천을 받기 위해 음식점 주변을 기웃거리는 사람을 필자는 여러 번 목격했다.

그러나 MB 6인회의 끝은 좋지 않았다. 이상득과 최시중은 나중에 비리 혐의로 구속됐고, 박희태는 전당대회 돈 봉투 사건으로 불명예 퇴진했다.

인사 논란에 적극 반박한 이명박 정부

앞서 소개했듯이 이명박 정부는 임기 만료 뒤 펴낸 국정운영백서에 '인사' 분야를 처음 포함했는데 여기서 각종 인사 논란에 대해 나름대로 해명했다. 아래에 그 내용을 그대로 소개한다.

이명박 정부는 지연·학연 등 연고를 고려하지 않고, 출범 당시 수립한 인사 기조에 따라 원칙 있는 인사를 하고자 노력하였다. '실용인사' '개방인사'의 기준에 따라 능력이 우수하고 성과를 창출할 만한 인물을 중용하고자 하였다. 그러나 이명박 정부는 새 정부가 공식 출범하기 전 국무위원 후보자가 발표된 직후부터 특정 지역·학교 출신의 '편중 인사'라는 비판에 시달렸다.

2008년 2월 18일 이명박 정부 국무총리 및 국무위원 후보자 16명이 발표된 직후인 2월 20일부터 이틀간 실시된 한승수 국무총리 후보자에 대한 인사청문회에서 거론된 '고소영' '강부자' 'S라인'이란 말은 이명박 정부 내내 부담스러운 용어가 되었다.

'고소영'이라는 말은 앞의 출신지와 출신 대학 통계자료*에서 살펴보았듯이 정치적 공세를 위하여 또는 잘못된 정보를 바탕으로 만들어진 말이지만 줄곧 비판 도구로 활용되었다. 특히 소망교회 출신은 이경숙 제17대 대통령직인수위원장과 강만수 전 기획재정부장관을 포함하여 모

---

* 백서에선 이명박 정부 시절 정무직 공무원들의 출신 지역과 대학 통계를 실었다. 대학의 경우 김대중-노무현-이명박 정부를 막론하고 정무직의 출신 대학 중 압도적으로 많은 비율을 차지하는 학교는 서울대(40%대)다. 그러나 이명박 정부가 임명한 전체 정무직 392명 중 서울대 출신 비율은 40.3%로서 김대중 정부 47.5%, 노무현 정부 47.2%에 비해 많이 감소했다. 고려대 출신 분포 비율은 김대중 정부에서 14.5%였고, 노무현 정부는 11.3%였으며, 이명박 정부는 16.1%다. 실제로 큰 차이는 없다. 출신 지역 분포는 이명박 정부의 경우 영남(35.7%)-경인(23.0%)-충청(17.0%)-호남(16.6%)-강원(4.1%)-기타(2.8%)-제주(0.8%)순이다. 이명박 정부의 정무직 중 영남 출신 비율(35.7%)은 김대중 정부 때의 22.4%보다는 높은 수준이나 노무현 정부 때의 39.3%보다는 3.6% 정도 낮은 수준이다.

두 4명 내외로 대통령이 5년간 임명한 고위공직자 총 3,300여 명의 0.1%에 불과하다. 소망교회는 등록된 교인이 8만 명 정도 되는데 대통령과 같은 교회 신자라고 특혜를 받아서도 곤란하겠으나, 불이익 또한 받아서는 안 될 것이다. 사정이 이러하자 2008년 8월 18일 '경향신문의 경향 비평'에서도 '고소영' 'S라인'이 사실과 다르다며 조어(造語) 사용에 신중하여야 할 것이라고 지적한 바 있다.

| '강부자' 인사 논란 |

'고소영' 인사와 함께 비판받은 것이 '강부자' 인사 논란이다. 초기 이명박 정부에 임명된 국무위원 등의 평균 재산액이 33억 7천만 원으로 외견상 많아 보이는 것은 사실이다. 그러나 평균 재산액을 끌어 올린 유인촌 장관의 140억 2천만 원을 제외할 경우 26억 1천만 원으로 떨어진다. 유인촌 장관은 오랫동안 연기자로서 성실하게 저축·투자한 결과로 상당한 규모의 재산을 모은 것으로 알려졌으나 유명 연예인에 비하여 특별히 많다고 보기 어렵다.

| '회전문' 인사 논란 |

회전문 인사 문제는 매 정부에서 단골로 지적된 이슈였다. 노무현 정부에서도 '코드인사'와 함께 논란이 끊이지 않았던 것이다. 원래 '회전문 인사'는 미국에서 퇴직 공무원이 자신이 몸담았던 소속 부처와 관련 있는 기업이나 이익단체의 로비스트로 일하다가 다시 공직에 임용되는 현상을 일컫는 말로 사용된 것이다. 이는 어렵게 육성된 국가의 인재를 칸막이 없이 민간과 공직 사이에 원활히 이동시키며 효과적으로 활용하는 긍정적 의미로 사용됐다.

그런데 우리나라에서는 김대중 정부 시절인 2000년 7월 5일 모 언론사가 당시 퇴직 관료의 정부산하기관장 취임을 비판하는 부정적 의미로 처음 사용하기 시작한 이후 청와대 출신의 장관 임명 또는 장관 등의 청와대 이동 등 대통령이 신임하는 소수의 사람을 여러 자리로 옮겨 쓰는 것을 비판하는 용어로 사용됐다. '회전문 인사'를 비판하는 근저에는 '왜 좀 신선한 인사를 중용하지 않는가' 또는 '인사가 늘 끼리끼리만 돌려쓰는가' 하는 생각들이 담겨져 있는 것 같다.

그러나 매번 새로운 인물들로만 채워질 수 없고 이는 바람직스러운 일도 아니다. 임용 예정 직위의 특성상 꼭 새로운 사람을 써야 할 경우는 몰라도 경력 등이 검증되지 않은 새로운 인물에게 선뜻 일을 맡기기는 어렵다. 국가의 중요 자리에 직무수행 성과나 전문성·역량 등을 살펴 능력과 자질이 검증된 인사를 중용하는 것이 자연스럽고 당연한 일이다. 주요 정책을 입안·집행하는 자리는 오히려 다양한 보직을 경험하면서 추진력과 리더십을 갖춘 사람이 적임일 수 있다. 또한 능력이 있는데도 과거 정부에서 또는 다른 자리에서 한 번 일했다고 해서 더 이상 쓰면 안 된다는 것이 오히려 비합리적이다.

| '낙하산' 인사 논란 |

'낙하산' 인사는 정무직 인사보다 공공기관의 장과 감사의 인사에서 주로 사용된다. '낙하산' 인사에 대한 비판도 어느 정부에서나 제기됐다.

역대 정부에서는 공공기관 인사 제도를 개선하기 위해 나름 노력하여왔다. 김대중 정부는 1999년 1월 29일 '정부출연연구기관 등의 설립·운영 및 육성에 관한 법률'을 제정해 정부출연연구기관에 대한 정원, 인사, 예산 등의 자율권을 확대 부여하고, 경영 실적을 평가하도록 했으며, 연봉제 도입과 연구 실적 평가 시스템을 구축했다. 1999년 2월 5일엔 '정부투자기관 관리 기본법'을 개정해 정부투자기관에 대한 '정부이사제'를 폐지하고 사장추천위원회에 의한 사장 선임 제도, 사장 경영 계약제, 경영 공시 제도 등을 도입하였다.

6장

수첩 인사에 드리운
'비선의 그림자'

#인사수석실부활 #TK #수첩 #비선 #최순실 #친박 #태평성대'

'의인불용(疑人不用) 용인불의(用人不疑)'. 중국 사서 『송사(宋史)』에
나오는 말로, '의심 가는 사람에겐 일을 맡기지 않고, 일단 일을 맡긴
사람은 의심하지 않는다'라는 의미다. 딱 박근혜 대통령의 인사 스타일
이었다. 권력의 심장부에서 일어나는 음모와 술수, 배신을 젊은 나이에
지켜봤기에 몸에 밴 측면이 있다. 박근혜 대통령의 인사를 비판할 때
흔히 지적하는 수첩 인사, 불통 인사, 밀실 인사, 측근 인사는 모두 '의
인불용 용인불의'로 귀결된다.

어려운 시절 곁에 있었던 최순실을 자기 사람이라고 생각했기에 별
다른 의심을 하지 않았다. 이른바 문고리 3인방(정호성·안봉근·이재만)
도 마찬가지였다. 한번 믿었던 사람이라도 환경에 따라 변할 수 있음을

깨달았을 때는 너무 늦었다.

　박근혜 대통령의 실패는 허술한 인사권 행사에서 비롯됐다. 중간에 시스템 인사를 해보려고 진보정권 노무현 정부가 만들고 보수정권 이명박 정부가 폐지했던 '인사수석실'을 부활시켰지만 비선 실세들의 인사 농단을 막지 못했다.

"친박에 좌장은 없다"와 박정희의 '분할통치'

　박근혜 대통령은 선친 박정희 대통령의 '분할통치' 인사 스타일을 이어받았다. 2인자를 두지 않고 핵심 측근들이 서로 견제하도록 만드는 방식이다. 어릴 적부터 청와대에서 생활하고 퍼스트레이디 역할을 한 경험으로 자연스럽게 몸에 배었다고 봐야 한다.

　정치인 시절 세종시 이전 논란이 일어났을 때 친박계 좌장으로 불렸던 김무성을 겨냥해 "친박에 좌장은 없다"라고 한 말은 상징적이다. 그 무렵 대권주자 박근혜는 한 친박 의원에게 "좌장, 이런 거 좋아하시면 안 됩니다. 권력이란 다가설수록 칼이 됩니다"라고 했다고 한다. 나중에 친박계 한 중진 의원이 김무성을 구명하기 위해 박근혜의 기분을 살피다가 슬쩍 말을 건넸다. "본인도 많이 뉘우치고 있다고 하니 그만 용서하시죠. 정무적 감각이 뛰어난 사람이어서 앞으로 우리에게 많은 도움이 될 겁니다." 순간 박근혜의 낯빛이 변하면서 낮은 목소리로 쏘아붙였다. "그 문제는 제게 맡겨주세요." 그 후론 누구도 김무성의 '김' 자도 못 꺼냈다고 한다.

1970년대 퍼스트레이디 시절, 박정희 대통령의 핵심 측근으로 자처했던 사람들이 10·26 이후 일제히 등을 돌렸던 '배신의 트라우마'에서 비롯됐다는 해석이 가능하다.

필자도 사람을 믿지 못하는 박근혜 대통령의 습성을 직접 경험한 바 있다. 첫 번째는 국회의원 박근혜가 대권주자로 서서히 떠오르던 시점이다. 박근혜 의원 주변에 사람이 몰려들었는데, 당시 유력 정치인의 보좌관 출신 A가 출입기자이던 필자에게 그쪽 캠프에서 일하고 싶다며 주선을 부탁했다. 평소 A의 열정과 능력을 높이 샀기에 직접 박근혜 의원과 면담 자리를 마련해서 필자도 동석한 상태에서 정국 현안, 대선 플랜 등과 관련해 장시간 얘기를 나눴다. 이후 A는 박근혜 의원과 수시로 독대를 갖고 정치적 조언을 하는 눈치였다.

그런데 어느 행사장에서 우연히 조우한 박근혜 의원이 필자에게 다가와 낮은 목소리로 물었다. "전번에 소개시켜준 그분은 어떻게 알게 되셨어요?" 표정이 좋지 않아 보여서 '뭔가 잘못됐구나!' 직감하고 "기자와 취재원으로 알게 된 사이인데 왜 그러십니까?" 하고 되물었다. 돌아온 대답은 "그분이 내게 뭘 원하는 게 있는 거 같아요!"였다. 나중에 A에게 "도대체 뭘 해달라고 했느냐"고 물었다. A는 의아하다는 표정으로 말했다. "당시 국회의원실 비서진 중에서 결원이 생겼기에 내가 '경력 있는 사람을 소개해드릴 수 있다'고 했을 뿐인데……." 사람에 대한 불신을 바탕에 깔고 판단하기 때문에 생긴 일이었다.

다른 사례도 있다. 박근혜 대통령이 '미래 권력'으로 떠올랐을 때 여러 친박계 국회의원들을 대동하고 미국 샌프란시스코를 방문한 적 있다. '박근혜 담당 기자'였던 필자도 동행했다. 그때 한인이 경영하는 기업체를 방문하는 일정이 있었다. 기업체 대표가 방문 기념 글씨를 써달라고 요청하면서 큰 종이와 펜을 줬고 박근혜 대통령은 덕담을 써 내려갔다. 그런데 도중에 한 글자의 토씨를 잘못 썼다. 대표가 다른 종이를 가져다줘서 완성했고, 잘못 쓴 토씨가 있는 종이는 정호성 비서관이 가져가서 나중에 버리려고 돌돌 말았다. 그러자 박근혜 대통령이 정호성에게 그 종이를 달라고 하곤 접어서 자기 핸드백 속에 넣었다. 아마 토씨 틀린 글씨가 있는 종이를 다른 사람이 가져갈까 염려하는 듯했다. 그 장면을 보면서 '속 깊은 곳에선 문고리 3인방도 믿지 못하는구나' 생각했다.

사람에게 마음을 주지 않는 스타일로 인해 '정치인 박근혜'의 측근 그룹은 여러 차례 바뀌었다. 대권주자로 떠오른 뒤 2007년 대선후보 경선까지는 김무성·유승민·유정복·전여옥 등이 포진했다. 경선에서 이명박 후보에게 패한 뒤 2012년 대선에 다시 나설 때까지는 최경환·서병수·홍사덕·이정현·권영세 등이 핵심 측근이었다.

정치인 시절부터 '박근혜 인사'의 또 하나 특징은 '기밀주의'다. 2012년 새누리당 비대위원장 시절, 발표 이전에 인사 명단 일부를 언론이 보도했다. 이를 두고 나중에 기자회견에서 "어떤 촉새가 나불거려 가지고……"라고 했다. 그때 박근혜는 나불거린 촉새를 '색출'하라고 엄명을 내렸다고 한다.

박근혜 정권의 공직자 정년은 80세?

박근혜 대통령은 특히 임기 전반기에 유독 60대 중반을 훌쩍 넘긴 원로급을 중용하는 경향을 보였다. 풍부한 경륜을 중요시하는 용인술로 볼수도 있지만 정치인 시절부터 박근혜 대통령에게 여러 조언을 하던 아버지 시대 사람들의 천거가 많았던 점도 하나의 요인으로 보인다.

정권 출범 초기 청와대에는 비서실장 허태열(68), 국가안보실장 김장수(65), 경호실장 박흥렬(64), 외교안보수석 주철기(67)가 포진했다. 5개월 만에 물러난 허태열의 뒤를 이은 김기춘 비서실장은 당시 74세였다. 청와대뿐 아니라 박근혜 정부 요소요소에 원로들이 자리 잡았다. 국민대통합위원장 한광옥(71), 국정원장 남재준(69), 방송통신위원장 이경재(72), 지역발전위원장 이원종(71), 문화융성위원장 김동호(76) 등이다. 당시 한 여권 인사는 "박근혜 대통령이 70대 전후 인사를 많이 중용하자 여권 내 60대 인사들 사이에선 '박근혜 정권의 공직 정년은 80세'라는 말이 나오기도 한다"고 했다.

박근혜 대통령이 아버지 시대에 가까운 원로들을 잇달아 중용하는 배경에 대해선 '배신론'에 입각한 해석도 있다. 정치를 시작한 이후 대선 때까지 곁에 뒀던 참모들 가운데 상당수가 자신에게 등을 돌리거나 결정적인 하자가 드러나 낙마했기 때문에 검증이 완료된 원로 그룹에 기댄 측면이 있다는 것이다.

당시 국무총리 내정자 김용준, 미래창조과학부 장관 내정자 김종훈, 공정거래위원장 내정자 한만수 등은 박근혜 대통령이 야심차게 발탁했지만 결정적 하자가 드러나는 바람에 낙마했다. 특히 주변의 반대를 뿌리치고 발탁했던 청와대 대변인 윤창중은 첫 방미 때 성추행 사건을 일으켜 박근혜 대통령에게 커다란 정치적 피해를 주었다. 여기에다 '베스트 오브 더 베스트'라고 했던 허태열 비서실장 체제는 반년도 못 채우고 허물어졌다. 박근혜 대통령의 인사관인 '의인불용 용인불의'에 적용하면 비서실장을 임명한 지 6개월도 되지 않아 교체한 것은 의외였다.

그 무렵 박근혜 대통령은 '용인불의'는 포기했지만 '의인불용'까지 버린 것 같지는 않았다. 오히려 강화한 측면도 있다. 이 과정에서 비서실장 김기춘이 소속된 원로 그룹 7인회가 주목받았던 셈이다. 당시 7인회는 '현대판 원로원'이란 말을 들었다.

"평범한 가정에 태어났더라면"

박근혜 대통령은 1993년 10월 한 권의 책을 펴냈다. 『평범한 가정에 태어났더라면』*이다. 선친인 박정희 전 대통령 서거 후 사실상 칩거 생활을 하던 기간 가운데 1989년부터 1993년까지의 일기와 이따금 쓴 수필 등을 모았다.

첫 장을 넘기면 1989년 1월 13일에 쓴 글이 나온다. '열 길 물속은 알아도 한 길 사람 속은 모른다'는 속담을 인용하며 어수룩해 보이는 사

---

* 박근혜, 남송, 1993.

람도 의뭉을 떨고, 배짱 있어 보였던 사람도 주책스러웠던 경우를 회상한다. 그리고 인간다운 인간을 찾아 낮에도 등불을 밝히고 돌아다녔다는 고대 그리스 철학자 디오게네스의 일화를 언급하며 진실한 인간을 찾기가 어려움을 토로한다. 어머니인 육영수 여사 서거 이후 20대 나이에 5년 동안 퍼스트레이디 역할을 하면서, 또 10·26 이후 선친 부하들의 처세를 보면서 느꼈을 실망감이 절절히 묻어 있다.

그런 실망과 불신은 박근혜 대통령 특유의 인사 스타일을 낳았다. 이는 독(毒)이 됐다. '의인'을 가려내다 보니 취임 초부터 '사람'을 잘못 쓰는 바람에 큰 낭패를 당했다. 첫 내각을 짜는 조각 과정에서 김용준 국무총리 후보자가 검증의 그물망에 걸려 낙마하면서 타격을 받았다. 이후 관리형인 정홍원 국무총리를 내세워 내각을 꾸리기는 했지만 전반적으로 밋밋한 인사였다. 그러다 세월호 참사의 여파로 국가 개조를 위한 인적 쇄신에 나서면서 박근혜식 인사 스타일이 변할 것이란 기대가 많았다. 박 대통령은 고심 끝에 '안대희 국무총리' 카드를 내놓았지만, 전관예우 논란으로 사퇴함에 따라 혼선만 가중시켰다.

"내 이름은 어디쯤?" '수첩 인사'는 실화?

박근혜 대통령은 일선 정치인 시절부터 '수첩'에 의존한다는 말을 많이 들었다. 회의에서 모두발언을 할 때나 국회에서 정부를 상대로 질문을 할 때 수첩을 꺼내 참고하는 스타일이기 때문이다.

처음엔 수첩에 적은 메모를 보며 말을 하는 모습을 보고 "신중하다" "꼼꼼하다"는 호평이 많았다. 그러나 최순실 게이트가 터지고 코너에 몰리자 "수첩 없이는 연설도 못 한다" "최순실이 말한 내용을 수첩에 적어두는 것 아니냐"는 말까지 나왔다.

'수첩 인사' 얘기도 마찬가지다. 애초 '수첩 인사'는 긍정적인 의미였다. 박근혜 대통령은 특정인을 오랫동안 지켜보고 믿음이 가면 언젠가는 불러서 일을 같이하는 스타일이다. 사람을 쓰면서 주변에 평판을 묻기보다는 본인이 오랫동안 관찰해온 경험을 더 중요시한다.

당선인 시절 비서실장으로 깜짝 발탁된 유일호 의원의 경우가 대표적이다. 국회의원 시절 박근혜와 유일호는 국회 보건복지위, 기획재정위에서 4년 가까이 옆자리에 앉았다. 박근혜 의원은 경제전문가인 유일호의 질의 내용을 유심히 듣고, 궁금한 것을 물어보면서 좋은 인상을 갖고 있었다. 유일호는 박근혜 정부에서 국토교통부 장관을 거쳐 마지막 경제부총리 겸 기획재정부 장관까지 지냈다. 박근혜 수첩은 인재 발탁용이었던 셈이었다.

박근혜 대통령이 정치를 하면서 메모한 수첩의 양은 엄청난 걸로 알려졌다. 새 정부가 들어설 무렵 여의도 정가 사람들은 "내 이름은 몇 번째 수첩에 있을까" 하는 농담을 자주 했다. 하지만 '수첩 인사'도 박근혜 대통령에 대한 전체적인 평판이 나빠진 뒤엔 '정실 인사' '최순실 인사'와 동일시돼버렸다.

김기춘의 전면 등장과 '7인회'의 인사 개입

박근혜 정부 출범 5개월여가 지난 2013년 8월 5일, 법무부 장관을 지낸 74세의 김기춘이 두 번째 비서실장으로 전격 발탁됐다.

김기춘은 유신헌법 초안을 만들었고 유신정권 말기 청와대 비서관을 지낸 '박정희 사람'이다. 1992년 대선을 앞두고 불거진 초원복국집 사건 때 법무부 장관으로서 지역감정 조장 발언을 했다. 그런 전력 외에 김기춘이 언론의 주목을 받은 또 하나의 이유는 박근혜 대통령의 원로 자문 그룹인 '7인회'의 멤버라는 점 때문이었다.

7인회는 박 대통령이 새누리당 비대위원장에서 막 물러나 대권 도전에 나선 2012년 5월 실체가 공개됐다. 좌장으로 알려진 전 재무부 장관 김용환이 소문으로 떠돌던 7인회의 실체를 묻는 질문에 "그렇다. 사람들이 '7인회'라고 부르는데 가끔 만나 식사하고 환담한다"고 답했다.

7인회 멤버는 김용환, 김기춘, 전 한나라당 대표 최병렬, 전 조선일보 부사장 안병훈, 전 국회의원 김용갑, 전 국회의원 현경대, 국회의장 강창희였다. 당시 7인회가 논란이 되자 박근혜 대통령은 김용환에게 전화를 걸어 "신중한 처신"을 당부했고, 이후 7인회는 극도로 행동을 조심했다.

박근혜 대통령은 대선 직전에 비대위를 꾸리면서 27세의 이준석 위원을 영입했고, 4·11 총선 때는 27세의 손수조 후보를 부산 사상 선거구에 공천하는 등 취약 세대인 젊은 층에 공을 들이고 있었다. 이런 마당에 평균 연령 74세의 멘토 그룹이 공개된 것은 부담스러운 일일 수 있었다. 그러나 박근혜 대통령이 2012년 12월 대선에서 승리한 직후부터 여권에선 다시 7인회가 거론됐다. 7인회 멤버들이 자기 사람들을 요직에 앉히기 위해 인사 개입을 하고 있다는 소문이 나돌았다. 나중에 일부는 사실로 확인됐다.

김기춘의 경우 사위, 검찰 후배, 학교 후배 등이 박근혜 정부 요직에 전격 발탁됐다. 사위인 안상훈 서울대 교수는 대통령직인수위 고용복지분과 인수위원으로 임명돼 활동했다. 당시 국무총리 정홍원과 법무부 장관 황교안은 김기춘의 검찰 직속 후배다.

정홍원은 김기춘의 경남중 후배이기도 하며 검찰에 근무할 때 김기춘을 상관으로 보좌했다. 일각에선 정권 초 개각 때 김기춘이 정홍원과 황교안을 박근혜 대통령에게 천거했다는 말도 나왔다.

강창희의 경우 여권이 박근혜 체제로 재편된 2012년 6월에 국회의장이 됐다. 강창희는 박근혜 정부 실력자였던 국정원장 남재준과 육사 동기(25기)인데 강창희가 남재준을 천거했다는 설이 있다.

안병훈은 문화체육관광부 장관 유진룡과 서울고 선후배 사이였다. 김용환은 대선 때 전 민주당 상임고문 한광옥의 박근혜 캠프 합류를 도왔다고 한다. 한광옥은 훗날 박근혜 대통령의 마지막 비서실장을 지냈다.

그렇다면 7인회 스스로는 7인회의 급부상설과 인사 개입 논란에 대해 어떻게 생각했을까. 필자는 논란이 일어날 무렵 유신 시절 청와대 경제수석을 지내는 등 박정희 전 대통령의 핵심 측근이었던 김용환 전 장관과 전화 인터뷰를 했다.

김용환은 "김기춘이 7인회 멤버여서 비서실장이 됐다고? 썩 유쾌하지 않은 말이다. 원로들의 인격을 존중해달라"고 말했다. 이어 "우리가 단 한 사람이라도 인사 추천을 하면 박근혜 대통령에게 실례하는 것이고, 후배들을 무시하는 일"이라고도 했다. 다음은 『신동아』 2013년 9월호에 실린, 당시 필자와 김용환의 일문일답이다.

7인회가 다시 논란이 되고 있는데요…….
"그런 말 믿지 마세요. 그냥 친목 모임이에요. 모두 정치에서 물러나 시간 날 때 점심 같이하고 커피 한잔하는 모임인데, 그게 뭐라고 새 정부 인사를 좌지우지한다느니 추천한다느니 그런 얘기들을 하는지 정말 모르겠어요."

김기춘 실장의 등장으로 그런 말이 나오는 거죠.
"김 실장이 우리 멤버 중 한 사람인 건 틀림없어요. 그러나 그분이 실장으로 가는 과정도 우리는 전혀 모르고 있었고, 취임한 후에도 서로 연락한 적이 없어요. 심지어 축하한다는 말도 한마디 건넨 적이 없고……."

새 정부 출범 이후에는 모임을 안 가졌나요.
"시간 되는 사람들끼리 점심 한 번 한 기억은 있네요. 모두 나온 건 아니고, 강창희 의장이나 현경대 수석부의장은 바쁘니까……. 사람 사는 세상에서 친분 있는 사람들이 서로 담소를 나누는, 그게 무슨 뉴스거리가 되나요? 아이고, 골치 아픕니다."

7인회 멤버들이 인사 추천을 한다는 말도 들립니다.

"우리 인격도 존중해주세요. 우리끼리 인사 얘기는 한마디도 한 적 없어요. 인수위를 구성한 시점부터 박 대통령과의 인연은 끊어졌어요. 지금까지 한 번도 만난 적이 없고. 그런 사람들 인격을 존중해야지…… 정말 유쾌하지 않습니다."

김기춘 실장 임명은 어떻게 봅니까.

"열심히 잘할 겁니다. 우리가 믿고 있어요. 중도 우파로서 굳건함이 있고, 입법부와 사법부를 두루 거치면서 정의감이 넘치는 분이에요. 뚜렷한 국가관도 갖고 있고. 그러나 멀리서 박수치는 거지, 우리가 모이면 또 뭐라고 하겠어요. 그분도 나이가 일흔이 넘었는데, 우리가 덕담으로라도 '잘 모셔라'고 하는 것은 인격모독이죠."

인사 갈등으로 결별한 박근혜와 유승민

전 국회의원 유승민은 박근혜 대통령이 당대표 시절 비서실장을 지낸 '원조 친박'이었다. 그러나 어쩌다 눈 밖에 났고, 탄핵 국면에선 유승민이 앞장섰다.

둘의 결별은 유승민이 박근혜 대통령을 겨냥해 "증세 없는 복지는 허구"라고 정면 공격한 일이 기폭제가 됐다. 하지만 박근혜 대통령의 첫 인사를 유승민이 신랄하게 비판했던 일이 그 근저에 깔려 있었다.

박근혜 정부 공식 출범에 앞서 여당인 새누리당에선 발탁 과정에서부터 논란이 일었던 윤창중 인수위 대변인이 사사건건 언론과 충돌하는 데 대해 우려하는 분위기가 팽배했다. 그러나 인수위에 대한 당의 비판은 제한적이고 극히 조심스러웠다. 친박계 내부에선 거의 금기시돼 있었다.

그 무렵에 유승민(당시 국회 국방위원장)은 박근혜 당선인의 첫 인사 작품인 김용준 인수위원장 인선이 발표된 직후 필자와 만나 쓴소리를 쏟아냈다. 윤창중 대변인이 각종 칼럼과 정치평론에서 진보 진영 인사들에게 막말을 했던 전력이 한창 문제가 되던 시점이었다. 다음은 『신동아』 2013년 2월 호에 실린, 필자와 유승민의 일문일답이다.

윤창중 대변인 인선을 어떻게 평가하나요.

"나는 자진 사퇴하는 게 맞다고 봐요. 인선 배경도 모르고, 당선인 인사에 대해 공개적으로 반대하긴 그래도, 잘못된 인선은 바로잡아야죠. 그 사람이 칼럼이나 방송에서 했던 막말들은 정치평론가로서 시청률을 높이기 위해서는 그럴 수 있다고 쳐도, 그렇다면 계속 평론하면 되는 거지, 대변인으로선 아니죠."

윤 대변인이 왜 사퇴해야 합니까.

"그 사람은 너무 극우입니다. 막말을, '창녀'니 '쓰레기'니 한 사람을……. 당선인이 아마 몰랐을 거예요. 당선인이 바빠서 종편에서 했던 말들, 칼럼을 다 읽어봤을까요? 누가 추천했건 마음에 들었건, 당선인이 당황하고 있는 게 아닌가 생각해요."

김용준 인수위원장 인선은 어떻습니까.

"선대위원장 하는 동안 사고도 한번 안 쳤지만 자기만의 목소리도 내지
않은 것으로 기억해요. 무색무취한 분 같고……. 그분이 인수위를 자기가
주도해서 꾸려갈 분은 아닌 것 같고, 그냥 무난한 분 아닌가 싶어요."

박 당선인이 인수위를 친정 체제로 끌고 가기 위한 인선이라고 봅니까.

"그런 느낌이 많죠. 아무래도 일하기 편한 사람들 위주로 간 거 같고, 그
분들 중에 자기 목소리가 강한 분들은 안 보이는 거 같아요. 그냥 편안한,
당선인 구상대로 끌고 가는 인수위가 아닌지 보는 거죠. 그러면 실질적인
일은 이분들이 안 하고 다른 곳에서, 당선인 주변에서 주도할 확률이 높
아지죠. 당선인의 측근들이 인수위의 여러 가지 구상을 끌고 가기에 적합
한 인선이 아닌가……."

직함을 갖지 않고 이너서클을 형성한 그룹이 인수위를 주도하면 새 정부 출범
후에도 비슷한 일이 생길 수 있겠군요.

"보좌관들이야 시키는 대로 하는 사람들이니까, 당선인 의도대로 인수위
를 강력하게 끌고 가겠다는 생각 아니겠어요? 당선인이 자기 생각대로
끌고 가려는 의지가 보이는 거 같은데, 그러면 잘못된 걸 바로잡고, 그런
역할을 누가 합니까. 그 부분이 제일 걱정돼요."

당시 유승민에게 박근혜 당선인이 대통령에 취임해 국정을 운영할 때 가장 중요한 것, 아울러 가장 조심해야 할 부분은 무엇인지 물었다. 기다렸다는 듯 거침없는 답변이 돌아왔다.

"첫째 인사, 둘째 정책, 셋째 소통이죠. 이 세 가지가 당선인에게 걱정되는 부분입니다. 인사라는 건 진짜 유능한 사람을 흙 속의 진주를 발굴하듯 해서 쓰는 거지, 친하고 가까운 사람 위주로 쓰는 게 아닌 만큼 정말 잘해야 해요. 검증도 해야 하지만, 검증 이전에 훌륭한 재목을 찾는 게 중요하죠. 그걸 혼자서 어떻게 합니까. 초반 실수가 되풀이되면 안 돼요."

지나고 보니 마치 정윤회 파동, 최순실 사태를 예견한 말처럼 들린다. 박근혜 대통령이 유승민의 쓴소리에 화를 내지 않고 귀담아들었으면 어떻게 됐을까.

일장춘몽 '태평성대'

박근혜 정부 초기에는 '9인 회의'가 있었다. 정권을 움직이는 세 축인 청와대, 정부, 여당(새누리당) 간 막후 조정자 역할을 하는 실질적인 국정 컨트롤타워였다. 2주에 한 번꼴로 회의를 열어 격의 없는 토론을 통해 박근혜 정부의 전반적인 국정 운영 방향을 정했다.

'9인 회의'의 멤버는 청와대에서는 비서실장 허태열·국정기획수석 유민봉·홍보수석 이정현, 행정부에서는 국무총리 정홍원·경제부총리 현오석·국무조정실장 김동연, 여당에서는 당대표 황우여·원내대표 최경환·정책위의장 김기현이었다.

관심을 끄는 대목은 9인의 멤버 가운데 성균관대 출신이 3분의 1인 3명이라는 점이었다. 정홍원(법학과), 허태열(법학과), 유민봉(행정학과)이다.

박근혜 정부가 출범하면서 '성시경(성균관대·고시·경기고) 내각'이란 조어가 회자될 정도로 성대 출신이 대거 발탁됐다.

1기 내각(18명)과 청와대 수석비서관 이상(12명) 등 최고 요직에 기용된 파워엘리트 30명 가운데 성대 출신이 7명(23%)이나 됐다. 서울대의 10명(33%)에 바짝 근접한 두 번째였다. 이명박 정부 초대 내각 후보자 16명, 노무현 정부 때의 21명 중에 성대 출신은 단 한 명도 없었다.

박근혜 정부의 성대 인맥이 차지하고 있는 자리들은 대부분 힘이 막강했다. 사정 라인 핵심인 법무부 장관(황교안)과 청와대 민정수석(곽상도), 그들을 지휘하는 국무총리(정홍원)와 대통령비서실장(허태열)이 모두 성대 법학과 출신이었다.

유민봉은 박근혜 대통령이 화두로 내건 '창조경제'의 조타수였다. 교육문화수석 모철민(경영학과)도 박근혜 대통령이 큰 관심을 갖고 있던 교육개혁을 이끌었다. '윤창중 스캔들'로 사직한 홍보수석 이남기(신문방송학과)도 박근혜 정부 초기의 언론정책 전반을 관장했다.

특히 박근혜 정권이 안착되는 기간에 청와대와 행정부, 각 산하단체, 정부 유관 기관에도 성대 인맥이 광범위하게 포진했다. 초기 청와대의 경우 비서관급 이상 51명 가운데 성대 출신은 5명(10%)으로 육사 졸업생과 함께 두 번째로 많았다. 서울대(17명, 33%) 다음이었다. 성대와 육사의 뒤를 고려대(4명), 연세대·한양대(3명)가 이었다.

성대 출신 청와대 참모들은 회식을 할 때 "태평성대(太平成大)"를 외쳤다. 그렇다면 서강대를 나온 박근혜 대통령이 성대를 특별히 선호한 걸까. 그건 아닌 듯하다. 박근혜 대통령 자신이 일단 SKY에서 자유롭고, 학벌보다는 전문성을 갖고 성과를 올리는 인물을 선호하기 때문이란 분석이 당시에 나왔다. 개인별로 발휘해온 능력을 인정받은 것이고, 그중에 우연찮게 성대 졸업생이 많은 것뿐이란 견해가 우세했다.

물론 총리 정홍원이나 비서실장 허태열 등이 소수 그룹인 성대 출신들을 "챙겼다"는 말도 나돌았다. 박근혜 대통령의 정치권 밖 인재풀이 넓지 않았고 결국 '키맨'의 천거에 의존하다 보니 성대 출신들이 곳곳에 포진하게 됐다는 해석이었다.

하지만 태평성대는 오래가지 못했다. 박근혜 정부 후반부로 가면서 다시 서울대 전성시대로 되돌아갔다. 이명박 정부 시절 고려대 전성시대가 있었지만 결국 5년 만에 퇴조한 일과 유사하다. 다른 대학 출신들은 웬만한 능력과 노력 없이는 정·관계의 서울대 아성을 뛰어넘기 어렵다. 한양대 출신인 정동기 전 법무부 차관은 2011년 1월 감사원장에 내정됐다가 여러 가지 의혹에 휘말려 중도 사퇴하면서 이런 말을 했다.

"두루미는 날마다 미역 감지 않아도 새하얗고 까마귀는 날마다 먹칠하지 않아도 새까맣다'는 성현의 말씀으로 위안을 삼으며 이 자리를 떠난다. 어려운 가정 형편 때문에 한양대학을 나와서 마이너리거로 살아왔다."

자신의 허물 탓도 있지만 서울대를 졸업하지 못한 까닭에 견제와 불이익을 받아서 사퇴할 수밖에 없게 됐다는 의미가 실려 있다.

역대 대통령의 인사에서도 실력보다 학벌이 인선 기준이었다. 주변에 마땅한 사람이 없을 때 모래 속에 숨은 보석을 찾는 노력을 하기보다는 기존의 인물 DB를 뒤지는 데 따른 현상이다.

정치 9단 박지원의 불길한 예감 '만만회'

박근혜 대통령은 취임 1년 반 정도 지난 시점부터 '그림자 실세'들의 국정 개입 논란에 휩싸였다. 세월호 참사에 따라 국가개조론을 설파하며 첫 단계로 인적 쇄신에 나섰지만 안대희·문창극 국무총리 내정자가 연달아 낙마했다. 장관 후보자 가운데 일부도 국회 인사청문회의 문턱을 넘지 못했다.

인사 실패의 가장 큰 원인은 박 대통령이 미리 점찍은 인물만 발탁한다는 '수첩 인사'라는 분석이 많았다. 여기에 덧붙여 '그림자 실세'들의 개입도 문제라는 지적이 나왔다. 박 대통령의 비선(秘線)이 인사 전횡을 일삼는다는 소문이 무성했다.

당시 야당의 공격수 박지원이 "'만만회'라는 게 움직인다"며 소문을 공론화시켰다. 청와대 총무비서관 이재만, 박근혜 대통령 동생 박지만, 최태민 목사 사위 정윤회를 지목했다. 박지만이 정윤회의 견제를 받아 운신의 폭이 상당히 좁아졌다는 관측도 나온 시점이었다.

당시 문창극 총리 후보자를 정윤회가 박근혜 대통령에게 천거했다는 소문이 정가에 퍼지면서 '만만회'의 파장은 예상외로 커졌다. 심지어 모 장관 후보자가 정 씨의 적극적 추천으로 발탁됐다는 말도 나왔다. 그 후보자는 사석에서 '삼성동팀'을 언급하며 정 씨와의 친분을 은근히 과시했다고 한다. '삼성동팀'은 정 씨가 2012년 대선 기간에 서울 삼성동에 사무실을 두고 운영했던 외곽 캠프였다

인사개입설이 확산되자 정윤회는 "'만만회'는 소설이다" "재산, 이권 개입, 박지만 미행 의혹, 비선 활동, 나의 모든 걸 조사하라" "잘못이 있으면 감옥에 가겠다"는 등의 말을 격정적으로 쏟아냈다.

그러나 만만회 의혹을 처음 제기한 박지원은 당시 필자와의 인터뷰를 통해 정윤회의 결백 호소를 반박했다. 다음은 『신동아』 2014년 8월호에 실린, 필자와 박지원의 일문일답이다.

정윤회는 "만만회는 소설"이라고 했는데요.

"지금도 정 씨와 3인방이 서로 연락하는 걸로 알고 있어요. 제가 말한 건 '만만회'가 굳이 셋이 앉아서 조직적으로 한다는 의미는 아니고, 전반적으로 비선이 인사에 개입한다는 말이 나돈다는 얘기였죠. 그걸 '증거를 내놓아라' '소설이다'고 말하면 안 되죠. 소설도 소설 나름이지······."

증거는 없지만 정황상 그렇다는 건가요.

"저는 그렇게 알고 있어요. 그게 아니면 국민이나 언론에서 관심을 갖겠어요?"

박근혜 대통령 인사 스타일의 가장 큰 문제는 뭔가요.

"수첩에 의존하고 김기춘 실장과 비선의 말을 너무 많이 듣는 거죠. 또 대통령이 아는 사람만 쓰려고 하는 것도 인사 참극의 원인이에요. 폭넓게 봐야죠. 5천만 국민 중에 그렇게 사람이 없나요?"

청와대 인사 시스템 개선을 위해 인사수석실을 신설(부활)한다는데요.

"아주 잘못하는 거예요. 가뜩이나 모든 권력이 청와대로 몰리는데 정부 각 부처 인사권까지 갖게 되면 장관이 유명무실해지죠. 그러면 장관의 영(令)이 설 수 없어요. 공무원은 승진으로 먹고사는 조직입니다. 인사수석실에서 승진 심사를 하게 되면 공무원들은 장관을 보고 일하는 게 아니라 청와대를 보고 일하게 되는 거죠."

인사수석실 신설은 개선이 아니고 개악이라고 보는 셈이네요.

"그렇죠."

실제로 노무현 대통령이 신설하고 박근혜 대통령이 부활시킨 인사수석 제도에 대해 정치권에서 부정적인 평가가 적지 않다. 완벽한 시스템 인사가 전제돼야 사령탑을 두는 의미가 있는데, 비선 인사가 판치는 현실에서는 수석실이 서류상 뒤치다꺼리를 하는 역할에 그치기 때문이다. 최종 인사권자인 대통령에게 사람을 천거하기보다는 대통령의 의중에 있는 사람을 어떤 자리에, 언제 보낼지를 점검하는 일이 주업무가 되는 경우가 허다했다.

인사수석실이 논공행상의 순서를 정리하는 수준에 그친다는 지적도 있다. 그런 현실에선 대통령이 모르는 인재를 발굴해서 천거하는 일은 불가능하다.

'노무현의 유산' 인사수석실, 박근혜가 부활시킨 까닭은?

이명박 대통령 임기 후반기인 2012년 8월 9일 인사비서관은 수석급인 인사기획관으로 격상됐다. 이유가 있었다.

당시 검찰총장 후보자 천성관이 한 기업인에게 15억 원을 차용증 없이 빌리고 골프 여행을 다녀왔다는 '스폰서 의혹'이 불거졌다. 그러자 천성관은 인사청문회 다음 날 자진 사퇴했다. 파장이 일자 이명박 대통령은 청와대 인사 책임자의 지위를 높여 책임성을 강화하기로 했다. 인사기획관 신설은 사실상 인사수석의 부활이었다.

인사기획관엔 김명식 인사비서관을 승진 발령했다. 김명식은 이명박 정부 5년 중 4년 6개월은 '비서관'으로서, 나머지 6개월은 '기획관'으로서 인사 실무를 총괄했다.

하지만 박근혜 대통령은 청와대에 차관급인 인사기획관이나 인사수석을 두지 않고 임기를 시작했다. 그런데 초반부터 인사 사고가 잇따랐다. 안대희의 '전관예우 의혹', 문창극의 '일제 식민 찬양 논란' 등으로 국무총리 후보자가 잇달아 낙마했다. 이를 막기 위해 박근혜 대통령은 취임 1년 3개월 후인 2014년 6월에 인사수석을 부활시켰다.

그때까지 박근혜 정부 청와대의 인사는 김동극 인사 담당 선임행정관이 실무를 담당하고 대통령비서실장과 국정기획수석·정무수석·민정수석이 고정 멤버로 참여하는 인사위원회를 통해 이뤄졌다. 이런 시스템은 폭넓은 인재 발굴이나 인사 대상자에 대한 충분한 검증을 하기에 한계가 있었다. 인사만 전담해서 책임지는 인물이 없었기 때문이다.

하지만 인사 대상자가 낙마할 때마다 누군가는 책임을 져야 했고 청와대 인사위원회 위원장인 비서실장에게 비판의 화살이 쏟아졌다. 이 때문에 박근혜 대통령이 거듭된 국무총리 인선 실패 끝에 시스템 개선에 나섰는데, 그 핵심 조치로 인사수석실을 부활시킨 것은 비서실장 김기춘에게 쏠리는 비판을 인사수석에게로 옮겨 가도록 하려는 깊은 뜻이 있다는 분석이 나왔다. 그만큼 김기춘에 대한 박 대통령의 신임이 두텁다는 방증이었다.

당시 청와대는 차관급 인사수석실 산하에 1급 인사비서관과 인사혁신비서관을 두어 철저한 사전 검증과 우수한 인사의 발굴 및 평가를 상설화하겠다고 밝혔다. 인사비서관실은 기본적인 검증을 담당했고, 개인의 정보제공이 필요한 부분에 대해선 민정수석실 산하 공직기강비서관실이 검증 업무를 맡았다. 인사혁신비서관실은 5급 공무원 공개 채용이나 개방형 채용, 순환보직제, 퇴직 공무원 취업제한 등 공직사회 인사 혁신 업무에 대해 대통령을 보좌하는 기능을 담당했다.

인사수석실의 인사 추천과 기본 검증에 이어 공직기강비서관실에서 심화된 검증이 마무리되면 비서실장이 위원장으로 있는 인사위원회에 올려 논의하고 대통령이 최종 결정하는 구조였다.

이런 시스템은 노무현 정부와 유사했다. 결국 진보정권이 만든 인사 시스템을 보수정권에서 간편화하는 쪽으로 손을 봤다가 몇 차례의 인사 사고를 거친 뒤 6년 만에 제자리로 돌린 셈이다.

7장

청문회 무력화시킨
'불통 인사'

#인사7대원칙 #캠코더 #친문 #노무현 #586 #파격 #임명강행
#알박기인사

고위공직자에 대한 국회의 인사청문회 제도는 진보정권이 도입하고 확대했다. 김대중 대통령이 국무총리 등을 대상으로 처음 문을 열었고, 노무현 대통령 당선자 시절에 청문회 대상으로 국정원장·검찰총장·경찰청장·국세청장을 포함하는 법 개정안이 통과됐다. 노무현 대통령은 임기 중 장관들도 인사청문회를 거치도록 확대했다.

그런데 세 번째 진보정권인 문재인 정부는 오히려 인사청문회를 무력화한다는 비판을 줄곧 받았다. 야당이 부적격 판정을 내린 고위공직 후보자들에 대한 임명을 줄줄이 강행했기 때문이다.

문재인 대통령의 인사 스타일은 임기 초반과 그 이후를 비교할 때 상

당한 차이가 있었다. 취임 후 54일 만에 완료한 첫 조각에서는 대선캠
프 출신을 대거 기용(70%)하기는 했지만, 측근보다는 비주류들을 상당
수 발탁했고, '이례적'이라는 평가를 받는 인물도 없지 않았다. 하지만
집권 기간이 길어지면서 철저한 내 편 챙기기, '캠코더(캠프·코드·더불
어민주당 출신)' 회전문 인사가 반복됐다.

　그러자 야당에선 문재인 대통령 인사를 관통하는 최대 특징으로 '내
가 아는 사람' '우리 편' '한번 믿은 사람'은 끝까지 챙긴다는 것으로 요
약했다. 일단 발탁하면 외부에서 아무리 악평을 한다고 해도 문재인 대
통령의 판단에는 별다른 영향을 끼치지 못했다. 야당의 반대로 인한 국
회 인사청문회의 청문보고서 미채택 역시 무의미했다.

　임기 종료를 앞두고 임기제인 공공기관장과 임원 임명을 대대적으로
실시해 초유의 '알박기 인사' 논란이 일어났다. 당선인 대변인 김은혜
가 임기 말 인사 중단이나 협의를 요청했지만, 청와대 대변인 박경미는
문재인 대통령 임기가 끝나는 날까지 인사권은 문재인 정부에 있다고
반박했다. 이 때문에 신·구정권이 심각하게 충돌했다.

디테일이 강해진 문재인표 인사 기준

　문재인 대통령은 취임 후 54일 만에 첫 조각을 가까스로 마무리 지었
지만 인사 시스템 개혁이라는 과제를 안았다. 2017년 11월 22일 청와
대는 새로운 인사 기준을 발표했다.

새 인사 시스템은 문재인 대통령의 대선후보 시절 공약이었던 5대 비리(병역기피, 세금탈루, 불법적 재산 증식, 위장전입, 연구 부정 행위)에 음주운전과 성 관련 범죄를 포함해 7대 원칙으로 확대한 내용이었다.

7대 원칙은 그냥 항목만 나열한 게 아니고 구체적 사례를 적시해 이를 위반할 경우 고위공직에 오를 엄두도 내지 말라는 메시지를 담았다. 문제는 공직 후보자가 7대 원칙을 어겼는지 여부가 객관적으로 입증돼야 한다는 점이었다. 단순한 의혹만으로 공직에서 배제하면 후유증이 오래 남기 때문이다.

당시 청와대 대변인 박수현은 "객관적 사실로 확인하기 어려운 경우에는 각각의 비리에 대해 고의성·상습성·중대성의 요건을 적용해 판단토록 하겠다"고 설명했다.

| 7대 비리 관련 고위공직 후보자 인사 검증 기준 |

1. 다음 중 어느 하나라도 해당할 경우에는 임용을 원천 배제함

1) 병역기피: 본인 또는 직계비속이 도망, 신체 손상, 입영 기피 등 병역법 위반으로 처벌을 받은 경우. 본인 또는 직계비속이 병역 회피 목적으로 외국 국적을 취득하거나 우리 국적을 포기한 경우. 본인 또는 직계비속이 고의적 또는 불법적으로 병역을 면제받거나 보직 등 복무와 관련하여 특혜를 받은 경우.

2) 세금탈루: 본인 또는 배우자가 부정한 방법으로 조세를 포탈하거나 조세의 환급, 공제를 받아 조세범 처벌법 위반으로 처벌을 받은 경우. 본인 또는 배우자가 국세기본법 및 지방세기본법에 따라 고액·상습 체납자로 명단이 공개된 경우.

3) 불법적 재산 증식: 본인 또는 배우자가 공직자윤리법 및 자본시장과 금융투자업에 관한 법률 등을 위반하여 부동산 및 주식·금융거래와 관련하여 미공개 중요 정보를 이용하거나 타인이 이용하게 한 경우.

4) 위장전입: 인사청문제도가 장관급까지 확대된 2005년 7월 이후 부동산투기 또는 자녀의 선호 학교 배정 등을 위한 목적으로 2회 이상 위장전입을 한 경우.

5) 연구 부정 행위: 연구 윤리 확보를 위한 지침이 제정된 2007년 2월 이후 학위논문(박사), 주요 학술지 논문(해외: SCI 및 SSCI급, 국내: 등재지 이상), 공개 출판 학술 저서에 대해 연구 당시 연구자가 소속된 기관에서 표절·중복 게재 또는 부당 저자 표시 등 연구 부정 행위가

있었다고 판정한 경우. 2007년 2월 이후 연구 부정 행위 또는 연구

비 부정 사용으로 처벌된 사실이 있는 경우.

6) 음주운전: 최근 10년 이내에 음주운전을 2회 이상 한 경우. 최근

10년 이내 음주운전을 1회 한 경우라도 신분 허위 진술을 한 경우.

7) 성 관련 범죄: 국가 등의 성희롱 예방 의무가 법제화된 1996년 7월

이후, 성 관련 범죄로 처벌받은 사실이 있는 등 중대한 성 비위 사실

이 확인된 경우.

2. 위의 기준에 미달하더라도 각각의 비리와 관련하여 고의성, 상습성,

중대성 등이 있는 경우에는 임용을 배제함.

3. 임용 예정 직무와 관련된 비리와 관련해서는 엄격한 기준을 적용함.

병역기피: 외교·안보 분야 등

세금탈루: 재정·세제·법무 분야 등

불법적 재산 증식: 재정·세제·산업·법무 분야 등

위장전입: 재정·세제·국토·행자·교육 분야 등

연구 부정: 교육·연구 분야 등

음주 운전: 경찰·법무 분야 등

성 관련 범죄 등: 인권·여성 분야 등

노무현 시즌2. 집권 초반의 파격 인사

과거에도 정권 초기에 '깜짝 발탁' 사례가 없지 않았지만 문재인 정부 초기엔 유독 그런 인사가 많았다. 각 언론사에서 예측한 파워엘리트 그룹 명단에는 프로필은커녕 아예 이름조차 나오지 않은 경우가 속출했다. 기자들은 청와대가 배포한 자료 밖에 있는 진짜 인사 배경을 파악하느라 진땀을 흘렸다.

물론 초기 인물 발탁의 기본 얼개는 과거 정권과 크게 다르지 않았다. 우선 정치와 선거를 함께했던 사람들을 썼다. 이 때문에 '캠코더 인사'라는 지적도 나온다. 다만 같은 캠코더라도 언론이 예상하지 못한 숨은 인물들이 요직에 줄줄이 기용된 점이 특징이다. 또 이 세 가지 기준과 전혀 관련 없는 인물들도 발탁됐다.

초기 내각의 경우 경제부총리 겸 기획재정부 장관 김동연, 외교부 장관 강경화, 국무조정실장 홍남기, 국가보훈처장(장관급) 피우진 등이 의외의 인물이었다. 중소벤처기업부 장관으로 지명됐다가 종교관, 역사관 논란으로 자진 사퇴한 포항공대 교수 박성진에 대해선 정권의 핵심 인사들도 전혀 예상치 못했다고 한다.

과학기술정보통신부 장관 유영민, 농림축산식품부 장관 김영록, 환경부 장관 김은경, 고용노동부 장관 김영주는 넓은 범위에서 '캠코더'에 속하지만 언론이 '파워맨'이나 '파워우먼'으로 주목한 인물은 아니었다. 문화체육관광부 2차관 노태강을 비롯해서 차관급에선 그런 사례가 더욱 빈번했다.

청와대에도 파격 인선이 줄을 이었다. 비서실장 임종석을 비롯해 대선 외곽 조직인 '광흥창팀'에서 활동한 참모들이 청와대를 접수하다시피 했지만 의외의 인물이 기용되거나 격에 맞지 않는 자리를 맡은 경우가 더러 있었다.

동아일보 기자 출신으로 네이버 부사장을 지낸 국민소통수석 윤영찬은 대선 막바지에 선대위 SNS 공동본부장을 지냈지만 문재인 대통령과 별다른 인연은 없었다고 한다. 경북 상주 출신인 전 기획예산처 차관 반장식의 일자리수석 임명, 7급 공무원 공채 출신인 이정도의 총무비서관 발탁도 예측하지 못한 인사였다.

인사수석 조현옥, 경제수석 홍장표 역시 언론의 시선 밖이었다. 수석 밑의 비서관급이나 행정관급에서는 넓게 보면 '캠코더'에 해당하지만 언론이나 정치권 시각에선 무명에 가까운 인물이 대거 발탁됐다. 노무현 - 문재인 직계로 꼽을 수 있는 참모들 사이사이에 외부에 잘 노출되지 않은 젊은 운동권 출신이 보충됐다.

또 청와대에선 어울리지 않는 옷을 입은 것 같은 인사도 있었다. 대표적인 인물이 민정비서관 백원우였다. 차관급인 민정수석(조국) 산하에 있는 민정비서관은 1급이다. 전 민정수석 우병우가 민정비서관을 거쳐 간 것처럼 통상적으론 검사 출신이 가는 자리다. 그 민정비서관에 전대협 연대사업국장을 지낸 재선 국회의원 출신이 갔다.

사법부 고위직 인사에서도 언론의 허를 찌른 깜짝 발탁이 많았다. 대법원장 김명수, 대법관 박정화, 헌법재판관 유남석 등의 등용을 점친 언론은 많지 않다. 특히 춘천지방법원장에서 사법부 수장으로 직행한 대법원장 김명수 인선은 파격, 그 자체였다.

문재인 정부 초기에 '노무현 정부 + 관피아 + 올드보이 = 협회장'이란 공식이 정치인들의 입도마에 자주 올랐다. 잇따라 기용된 한국무역협회장 김영주(전 산업자원부 장관), 대한석유협회장 김효석(전 민주당 국회의원), 손해보험협회장 김용덕(전 건설교통부 차관)이 대표적인 경우다. 이들은 '캠코더' 범주에 들긴 하지만 언론이 예측하지 못했다.

깜짝 발탁 인사가 유독 문재인 정부에서 많았던 이유는 뭘까. 우선 문재인 대통령이 가진 인재풀의 한계를 들 수 있다. 문재인 대통령은 정치인 출신이 아니다. 노무현 정부에서 청와대로 입성했고, 2012년과 2017년 대선에 출마해서도 노무현의 사람들로부터 도움을 받았다.

노무현 대통령은 2008년 2월에 마지막 임기를 마쳤다. 따라서 그때 정부에서 일했던 사람들을 다시 중용하기엔 부담이 되는 부분이 많다. 대신 그들로부터 새로운 인물들을 소개받았을 수는 있었다.

예상 밖의 인물이 줄줄이 발탁된 또 하나의 이유는 요직을 제안받고도 고사한 인물이 적지 않았기 때문이라고 한다. 노무현 정부 시절보다 훨씬 강화된 언론의 검증과 국회 인사청문회의 벽 때문이다. 그사이 언론 환경은 종합편성채널의 등장으로 크게 변했다. 자칫 검증의 거미줄에 걸리면 국회 청문회에 서기도 전에 망신만 당하고 낙마하기 십상이다. 실제로 문재인 정부에선 인사청문회를 전후해 낙마 사례가 속출했다.

언론도 예측 못 한 인물들은 어떤 경로를 통해 정부나 청와대로 입성했을까. 일단은 노무현 정부 때 활동한 인사들이 자신의 주변 사람을 추천한 경우가 가장 빈번한 걸로 알려졌다.

취임 초 파격 인사의 상징적인 인물이 된 경제부총리 김동연, 국무조정실장 홍남기, 총무비서관 이정도는 '변양균 사단'의 멤버에 해당한다. 전 청와대 정책실장 변양균은 노무현 정부 시절 실력자였다. 문재인 대통령에게 정책적 조언을 많이 한 인물이기도 하다. 변양균은 2007년 9월 '신정아 스캔들'로 정책실장에서 물러났기 때문에 직접 공직을 맡기 어려운 상황에서 자기 사람들을 천거했다고 한다.

　문재인 정부 사람들의 또 하나의 인물 공급처는 진보 성향 시민사회단체였다. '유시민(유명 대학·시민사회단체·민주당) 정권'이란 조어가 생겼을 정도로 시민사회단체 멤버들의 약진이 두드러졌다. 초기 청와대의 정책실장 장하성, 사회혁신수석 하승창과 내각의 법무부 장관 박상기, 환경부 장관 김은경, 여성가족부 장관 정현백, 공정거래위원장 김상조 등이 대표적이었다.

　이들이 같은 시민사회단체에서 활동하던 동료들을 정부나 청와대, 산하기관 등에 끌어주기를 한 흔적이 있다. 굳이 문재인 대통령에게 직접 소개하지 않더라도 자신이 인사권을 행사할 수 있는 자리에 옛 동지를 앉히는 일은 얼마든지 가능하다. 가령 사법부의 대법원장 김명수와 대법관 박정화, 헌법재판관 유남석은 법원 내 진보 성향 판사들의 모임인 '우리법연구회' 멤버들이었다. 청와대 법무비서관 김형연과 김명수 대법원장이 첫 법원행정처 인사 때 발탁한 인사총괄심의관 김영훈은 우리법연구회를 사실상 대체한 '국제인권법연구회' 활동 경력이 있다.

　청와대 참모들의 경우는 과거 운동권 시절에 맺은 이런저런 인연으로 비서실에 입성한 사례가 많은 것으로 알려졌다. 초기 청와대의 비서관, 행정관 중에는 각 대학의 학생회장 출신이 10명을 넘었다. 모 행정관은 대학 졸업 후 변변한 직장을 갖지 못하고 정치판 주변을 맴돌다가 문재인 정부 출범 후 학생운동 시절 같은 서클에서 활동한 인사의 추천으로 청와대에 입성했다고 한다.

또 2017년 대선 때 문재인 대통령의 핵심 측근들이 여러 갈래의 외곽 조직을 운영했는데, 이곳에서 활동한 인물들도 청와대에 다수 들어갔다. 대선캠프에 참여했던 민주당 의원들이 자신의 보좌관이나 비서관을 청와대에 밀어 넣은 경우도 없지 않았다.

주류 교체 시즌2. 운동권, 청와대를 접수하다

박근혜 전 대통령의 탄핵으로 실시된 2017년 5·9 조기 대선을 통해 문재인 정부가 탄생한 이후 우리 사회에 나타난 가장 큰 변화는 '주류 세력 교체'였다. 이명박·박근혜 보수정권 9년을 거쳐 진보정권이 다시 집권한 만큼 당연한 과정이다.

대통령직인수위 없이 바로 5년 임기를 시작한 문재인 정부는 특히 국정 컨트롤타워인 청와대와 내각에서, 그리고 검찰과 국정원 같은 권력기관에서 인적 물갈이를 폭넓고 빠르게 진행했다. 문재인 정부의 1호 국정 과제인 '적폐 청산'을 입안하고 실행할 중추 기관인 까닭이었다.

과거 정부에서도 새로 정권을 잡으면 코드가 맞는 사람들이 요직에 앉아서 국정을 이끌어갔다. 대선캠프에 참여했던 사람들을 대상으로 하는 논공행상도 자연스럽게 이뤄졌다.

문재인 정부에선 역대 정부와 조금 다른 점이 발견된다. 박근혜 대통령을 끌어내린 촛불 민심으로 탄생한 정권인 만큼 이른바 '촛불 세력'이 새 정부의 인물 공급처, 인재풀이라는 점이었다.

촛불 세력의 개념은 한마디로 정의하기 어렵다. 촛불집회를 주도한 조직은 전국 1,500여 개 단체로 결성된 '박근혜정권퇴진 비상국민행동'이었다. 민노총을 비롯한 노동계뿐만 아니라 재야 법조계, 문화예술계, 언론계 등 각계를 총망라했다. 각 시·도에도 지부를 두고 있었다. 따라서 범(汎)촛불 세력의 범위는 매우 넓다. 이들은 이해단체별로 각종 요구를 쏟아내기도 한다.

촛불집회엔 학생운동권 출신을 중심으로 야당 정치인들도 대거 참여했다. 민주사회를 위한 변호사 모임(민변), 경실련, 참여연대 같은 정치적 영향력이 있는 단체들도 적극적이었다. 촛불 세력 중에서도 이들이 문재인 정부의 인적 뼈대를 형성했다.

청와대 참모의 경우 과거 정권에선 정부 부처에서 파견되는 정식 공무원인 '늘공'과 정치권에서 들어가는 별정직 공무원인 '어공'의 비율이 반반 정도로 시작했다. 그러다 정권 후반기에 '어공'들은 빠져나오고 그 자리를 '늘공'이 채우는 게 일반적이었다.

문재인 정부에선 사정이 조금 달랐다. 종합적으로 보면, 정치권에서 들어간 어공이 과거 정부에 비해 압도적으로 많다. 그중에서도 학생운동권 출신이 주축을 이룬다.

초기 청와대 참모진은 장관급 실장(비서실·정책실·안보실) 3명, 차관급 수석 및 보좌관 13명, 1급 비서관 47명으로 구성됐다. 그 아래에 2, 3급 행정관 등이 있었다. 이 중 1급 비서관 이상 63명 가운데 22명 (35%)이 전대협과 대학 총학생회장단, 진보 시민사회단체 출신이었다. 특히 전대협 3기 의장 출신인 비서실장 임종석이 관장하는 비서실의 비서관급 이상 30명만을 놓고 보면 절반이 넘는 17명이 범(汎)운동권이었다.

청와대 참모뿐 아니라 권력기관, 사정기관에도 운동권 출신들이 대거 유입됐다. 이런 현상에 대해 진보정권인 김대중 정부 청와대 첫 비서실장을 지낸 김중권은 크게 우려했다. 다음은 『신동아』 2018년 1월 호에 실린, 필자와 김중권과의 문답이다.

첫 진보정권인 김대중 정부 청와대 참모진의 구성은 어땠습니까?
"저는 청와대 참모들이 갖춰야 할 조건과 자세로 늘 두 가지를 생각했어요. 첫째, 전문가와 테크노크라트(전문 관료)가 청와대에서 일해야 한다는 원칙이었죠. 청와대는 일을 배우는 곳이 아닙니다. 가장 우수한 사람이 청와대에 가서 당장 일을 할 수 있어야죠. 둘째, 청와대 참모는 대통령과 코드가 맞아야 해요. 저는 당시 '대통령과 혼이 닮을 수 있어야 한다'는 표현을 썼죠."

그때는 DJP 공동정권이었는데, 두 번째 원칙을 지키기 쉽지 않았겠군요.
"JP의 자민련에서 내각과 마찬가지로 청와대 참모진도 반분하자는 요구가 있었죠. 당시 자민련의 강창희 사무총장이 주장했는데, 저는 청와대는 자리를 나누는 곳이 돼선 안 된다, 바로 일할 수 있는 사람, 대통령과 혼이 닮을 수 있는 사람이 와야 한다면서 거부했어요."

문재인 정부 청와대의 운동권 출신 청와대 참모들은 어떻습니까.

"일단 그 사람들이 대통령과 호흡을 같이하고, 대통령과 혼이 닮은 사람이라면 괜찮겠죠. 그러나 운동권에 몸담았다고 모두 문 대통령과 호흡이 맞는다고 할 수는 없는 것 아닙니까. 그리고 문 대통령은 운동권이 아니잖아요. 호흡을 같이하기 위해서 굳이 운동권 사람들로 포진할 필요는 없는 거죠. 혼이 닮고 국정 운영을 같이할 사람은 운동권이 아니라도 문 대통령 주변에 많을 겁니다. 그런 측면에서 운동권 출신을 대거 청와대 참모진에 참여시킨 건 좋은 인사가 아니라고 봐요."

문재인 정부에선 운동권 출신의 비율이 많아지다 보니 과거 정부와 달리 전문 관료의 입지가 좁아지는 것 같은데요.

"그렇죠. 보통 비(非)정무 부서에 테크노크라트를 집중 배치하고 정무 부서에 정치하는 사람을 포진시키면 되죠. 김대중 정부 청와대에선 여당과의 협조 차원에서 당료들을 참모진으로 활용했지만 비정치적인 분야는 거의 테크노크라트에게 맡겼어요. 당에서 밀고 들어오려고 해도 다 막았죠. 그래서 여당과 좀 불편하기도 했지만, 그런 요구를 다 들어주면 청와대가 제대로 굴러가지 않아요. 지금 청와대는 두 가지 원칙에서 다 어긋나 있는 상황 같아요."

이명박 정부 시절 특임장관을, 박근혜 정부 때 대통령정무특보를 지낸 자유한국당 의원 주호영은 "문 대통령은 취임사에서 '전체 국민의 대통령 되고 싶다'고 했다. 그래서 인재를 골고루 등용할 줄 알았는데 전혀 아니다. 청와대 수석이나 비서관 중에 전대협, 민주당, 노무현 정부 출신이 너무 많다. 그들이 아니면 아무것도 못 할 것처럼 인사를 하고 있다"며 촛불 세력의 권력기관 장악 기류를 비판했다.

촛불 세력이 권력의 중심부를 차지하는 양상인데 국정 운영에 어떤 영향이 있을까요?
"무엇보다 집단사고에 빠질 우려가 있죠. 나아가 국가관 같은 것이 검증되지 않은 사람이 많아요. 가령 '전대협'식 사고가 얼마나 바뀌었는지, 전문성이 있는지, 이런 점을 살펴봐야 해요."

2017년 11월 6일 국회 운영위원회의 청와대 비서실 국정감사에선 '주사파', '전대협' 논란이 벌어졌다.

"청와대 내부는 심각하다. 주사파, 전대협이 장악했다. 전대협 강령을 보면 미국을 반대하고 민중에 근거한 진보적 민주주의 구현을 밝히고 있다. 청와대에 들어가 있는 전대협 인사들이 이런 사고에서 벗어났다는 증거도 없다."(야당 국회의원 전희경)

"5공, 6공 때 정치군인이 광주를 짓밟고 민주주의를 유린할 때 의원님이 어떻게 사셨는지 살펴보진 않았다. 그러나 의원님이 거론한 대부분의 사람들이 인생을 걸고 삶을 걸고 민주주의를 위해 노력했는데, 의원님께서 그렇게 말할 정도로 부끄럽게 살지 않았다."(대통령비서실장 임종석)

문재인 정부 초기에 "대통령이 운동권 출신 참모들 위에 얹혀버렸다"는 분석 기사가 간혹 나왔다. 참모가 의견을 제시하면 대통령이 그대로 따르는 경우가 많다는 요지였다. 그 무렵 문재인 대통령과 학창 시절을 함께 보내 문 대통령을 잘 안다는 한 인사가 주변에 했다는 말이다. "문재인 대통령의 성격이 너무 부드럽다. 강성 참모들에게 휘둘릴 수도 있어 걱정이다."

하지만 촛불 세력의 국정 참여엔 긍정적인 요소가 더 많다고 보는 시각도 있었다. 문재인 대통령 본인도 피플 파워로 대통령이 됐다고 얘기했기 때문에 청와대뿐 아니라 정권 자체가 피플 파워의 연장선에 있으니 그 위주로 참모진을 짜서 국정을 운영하는 게 당연한 것 아니냐는 논리다.

"대통령과 일면식도 없다" "히딩크식 인사"

취임과 동시에 전남도지사 이낙연을 초대 국무총리 후보자로 발탁한 문재인 대통령은 춘추관을 방문해 각료들의 인선안을 직접 발표했다. 첫 인사는 일단 '비주류' '이례적' '대탕평'이란 호평을 많이 들었다.

초대 국무총리 후보자부터 비문(비문재인)계를 발탁하면서 '탕평·화합형'을 선택했다는 평가를 받았다. 친문 국회의원 정청래는 문재인 대통령의 첫 인사에 대해 "학력도 지역도 모두 다른 '히딩크식 인사'"라고 했다.

문재인 대통령의 첫 인선에선 "대통령과 일면식도 없다" "내가 왜 기용됐는지 배경을 잘 모르겠다"는 사람이 유난히 많았다.

경제 전략의 전체 틀을 마련한 국민경제자문회의 부의장으로 서강대 석좌교수 김광두가 발탁됐는데, 그는 원래 박근혜 대통령의 경제 과외 교사였다. 박근혜 대선후보 시절 '줄푸세(세금은 줄이고, 규제는 풀고, 법질서는 세운다)' 공약을 입안한 인물이다.

장관급으로 격상된 국가보훈처장에 '별'을 달지 못했던 예비역 중령 출신 여성 피우진을 발탁한 것도 "역대급"(노회찬)이었다.

보수정권인 이명박·박근혜 정부에서 승승장구했던 아주대 총장 김동연을 경제부총리로 발탁한 대목도 참신했다. 김동연은 이명박 정부에서 예산실장·기재부 2차관, 박근혜 정부에서 초대 국무조정실장 등 보수정권에서 엘리트로 성장했던 인물이다. 판자촌에서 자라 상고와 야간대학 출신임에도 명문고·명문대 출신들과 경쟁해 실력을 인정받았던 점이 높이 평가됐다. 하지만 김동연은 청와대 경제 라인과 정책을 둘러싸고 잦은 불화를 일으켰고, 결국 정부를 떠났다. 김동연이 퇴진한 시점부터 문재인 대통령이 '코드인사'를 더욱 고집했다는 평도 나온다.

"문재인 대통령의 삼고초려를 거절할 수 없었다"고 밝혔던 초대 정책실장 장하성은 안철수의 멘토였다. 비서실장 임종석은 전 서울시장 박원순의 정무부시장 출신이다. 대변인으로 출발해 국민소통수석을 맡은 박수현은 문재인 대통령과 민주당 대선후보를 놓고 경쟁했던 전 충남 도지사 안희정의 측근이다.

초대 내각에서 행정자치부 장관으로 발탁된 후 나중에 국무총리에 오른 TK 출신 김부겸도 비주류로, 문재인 대통령과 가깝지 않았다. 지난 2003년 열린우리당 창당 당시 한나라당을 탈당해 합류한 김부겸은 한때 문재인 대통령의 경쟁자였던 전 민주당 대표 손학규와 가까운 사이였다.

초대 해양수산부 장관 김영춘 역시 친문 진영과는 일정 거리를 유지하고 있었고, '역대 최장수 국토교통부 장관' 기록을 세운 김현미도 문재인 당대표 시절 비서실장을 지내기는 했지만 친문 세력과는 좋은 사이가 아니었다.

외교부 장관 강경화는 비(非)외무고시 출신 외교관으로 전 유엔 사무총장 반기문의 핵심 측근으로 분류됐다. 김대중 전 대통령과 클린턴 미국 대통령의 전화 통화를 통역하면서 실력을 인정받아 외교부에 특채된 경우다. 강경화는 이례적으로 장녀의 이중국적과 위장전입 등의 사실을 사전에 공개하면서까지 발탁했다. 국회 인사청문회의 벽을 넘지 못했으나 문재인 대통령이 임명을 강행했다.

문재인 대통령이 첫 조각에서 여러 분야의 인물을 적절히 배합해 발탁한 일은 대체로 긍정적인 평가를 받았다. 청와대 인사 라인은 '측근 배제' '협치' '전문가형'을 인사 3대 원칙으로 삼았기 때문에 가능했다고 자평한다.

"문재인 대통령은 왜 레임덕이 없었는지 아는가?"

문재인 대통령이 집권 초기에 다양한 배경을 가진 인물들을 대거 발탁한 데 대해선 다른 평가도 나온다. 친노 진영 안의 다른 세력, 초기 청와대를 장악한 학생운동권 중심의 586세대, 집권 여당인 민주당 등에 골고루 인사권을 배분했기 때문에 발생한, 의도치 않았던 결과물이란 분석이다.

특히 초기에 벌어졌던 청와대와 여당의 인사 갈등은 다른 정권에선 보기 드문 장면이었다. 정권 출범 직후의 통상적인 모습은 갓 권력을 잡은 대통령을 지근거리에서 보좌하는 청와대의 위세가 여당을 압도적으로 눌렀다.

하지만 당시 민주당 대표는 강성 이미지의 추미애였다. 민주당이 야당 시절 대표로 선출됐다가 진보진영의 정권 창출로 집권 여당으로 변신한 추미애는 청와대에 포진한 운동권 출신 586을 대표하는 비서실장 임종석과의 기 싸움을 마다하지 않았다.

추미애와 임종석은 대선후보 경선 직후 문재인 캠프(선대위) 구성 때 처음 충돌했다. 당시 추미애가 자신과 가까운 전 국회의원 김민석을 합류시키려 했지만 후보 비서실장이던 임종석이 반대했다.

추미애는 "선대위 구성은 당의 권한"이라며 밀어붙이며 아예 임종석의 사퇴를 요구했다고 한다. 첫 충돌은 문재인 후보가 임종석은 그대로 두고 추미애가 원하는 '김민석 합류'안도 받아들이는 걸로 일단락됐다. 그러나 대선 후 '청와대 비서실장 임종석' 카드에 대해 추미애가 반대한 걸 시작으로 둘은 사사건건 핵심 자리 인사를 놓고 파열음을 냈다.

추미애는 김민석을 청와대 정무수석으로 추천했으나 받아들여지지 않았다. 비서실을 이끌게 된 임종석의 '거부권'이 행사됐을 가능성이 높다. 추미애가 '비서실장 임종석' 카드에 반대한 이유는 "당과 갈등을 빚은 사람을 청와대의 핵심 자리에 앉히면 곤란하다"는 거였다.

그런 인식의 내면엔 집권당이 국정 운영에 폭넓게 참여하겠다는 의지가 있었다. 가장 효과적인 국정 참여는 내각을 비롯한 요직에 당 사람들을 대폭 포함시키는 방법이다.

추미애는 내각에 참여할 장관 후보를 추천하는 당내 기구 '인사추천위원회' 설치를 추진했다. 문재인 대통령이 강조했던 정당 책임정치의 일환이란 명분이 있었다. 그러나 인사추천위원회 설치에 청와대는 민감한 반응을 보이면서 끝내 활성화되지 못했다.

다음은 『신동아』 2017년 7월 호에 실린, 그 무렵 필자가 당 대표 추미애를 인터뷰한 내용이다.

민주당에서 추진한 인사추천위원회가 사실상 백지화된 상태 같은데요.
"인사추천위원회가 사문화된 건 아니죠. 당의 정신이라고 할 수 있는 당헌에 반영이 돼 있어요. 명칭을 꼭 인사추천위원회라고 하지 않더라도, 적재적소의 인재를 발탁하는 산실이 돼야 하는 거죠. 당이 인재뱅크가 되는 체제를 구축해나가도록 하겠다는 겁니다."

추 대표와 청와대 사이에 인사 문제를 둘러싼 충돌이 있다는 언론보도가 계속 나왔는데요.

"인사 문제 충돌이라는 건 다른 게 아닙니다. 당이 체질을 강화하고 커나가려면 당의 실력을 길러야 하는 것 아닌가요. 그래서 당의 간부들이 청와대와 공직 경험 기회를 공유하면서 전문성을 키우고, 그런 전문성을 (청와대에) 공급해주고, 다시 당으로 가져와서 당을 지도하도록 해야 한다는 생각이죠. 그런 것에 대한 이해가 부족해서 있었던 충돌일 뿐이고요. 사심(私心)을 채우기 위함은 결코 아니었어요. 지난번 청와대 회동을 계기로 그러한 의사가 전달됐습니다."

앞으로도 당과 청와대의 인적 교류가 선순환돼야 한다는 의미인가요.
"그렇죠."

추미애가 말한 청와대 회동은 그해 6월 9일 문재인 대통령 취임 한 달을 맞아 청와대에서 열린 민주당 지도부와의 첫 만찬이다. 이 자리엔 당에서 대표 추미애와 원내대표 우원식, 사무총장 이춘석, 정책위의장 김태년, 대변인 박완주가 참석했다. 청와대에선 비서실장 임종석과 각 수석비서관들이 함께했다.

집권 초 당청 간 인사 갈등이 일어난 뒤 문재인 대통령은 개각 때마다 민주당 소속 현역 국회의원들에게 마치 지분을 쪼개주듯이 장관 자리를 내줬다. 여당뿐 아니라 운동권 출신 586을 비롯해 문재인 정권에 공동 지분이 있다고 주장하는 정치세력은 여럿 있었다. 이들도 개각 때마다 몫을 챙겼다.

대통령의 임기 말 레임덕은 차기 대권을 잡아야 하는 집권 여당의 차별화 전략 같은 내부 흔들기에서 주로 시작된다. 문재인 대통령은 임기 말까지 40%대 안팎의 국정 운영 지지율을 유지하며 레임덕이 거의 없다는 평가를 받았다. 왜 그럴까.

문재인 정부 인사 업무에 관여한 바 있는 고위공직자의 견해다. "대통령 인사권을 혼자 쥐지 않고 권력 주변에 고루 나눠줬기 때문이다. 과거 대통령은 인사권 전체가 100이라면 30~40을 직접 쥐었는데 문재인 대통령은 10만 쥐고 나머지는 당과 586 등에 다 나눠줬다. 그 결과 문재인 정권은 '어공 전성시대'가 됐다. 권력의 핵심인 자리를 골고루 나눠 가졌으니 대통령에게 큰 불만이 없고 레임덕도 최소화됐다. 문재인 대통령의 전략적 인사권 포기였다."

그러다 보니 문재인 대통령의 핵심 측근들은 오히려 인사에서 배제되거나 아예 기대를 걸지 않는 경우도 생겼다. 문재인 대통령의 핵심 측근 3인방인 소위 '3철'의 맏형 격인 노무현 정부 청와대 민정수석 이호철은 대통령 취임식 날 "자유를 위해 떠난다"며 해외로 나갔다. '문재인의 복심'으로 불린 양정철 역시 "잊혀질 권리"를 언급하면서 2선 후퇴를 선언했다.

두 사람은 문재인 정권 막판까지 공직을 맡지 않았고, 이들의 백의종군 선언은 정권 초반 다른 친문 측근들의 자리 요구 자체를 막아버리는 효과를 가져올 수 있었다. 다만 양정철은 나중에 민주당 싱크탱크인 민주연구원 원장을 맡아 2020년 총선 승리에 기여했고, 여러 정치적 논란도 일으켰다.

요란한 구호로 끝난 '인사 7대 원칙'

임기 초반 비교적 호평을 받았던 문재인 대통령의 용인술은 새로 발표한 '인사 7대 원칙'이 구호에 그치고, 시간이 흐를수록 원칙에 반하는 인사가 이어지면서 악평으로 바뀌었다.

여기다 '우리 편 챙기기'가 노골화되면서 탕평 인사도 사라졌다. 국민 눈높이와도 동떨어진다는 비평이 이어졌고, 대통령 국정 운영에 대한 지지도도 집권 2년 차에 접어들면서 하락하기 시작했다.

2기 개각 명단 발표에서도 전문성을 내세우면서 7대 원칙은 여전히 지켜지지 않았고, 지명 철회 1명, 자진 사퇴 1명으로 2명이 낙마했다. 그나마 남은 5명 가운데 2명은 국회의 청문보고서 채택 없이 임명을 강행해야 했다. 문재인 대통령은 2018년 10월 유은혜 교육부총리 임명을 강행할 때 "인사청문회 때 많이 시달린 분들이 오히려 일을 더 잘한다는 전설 같은 이야기가 있다"고 말해 빈축을 사기도 했다.

특히 국회 인사청문회를 무력화한 인사 난맥상은 문재인 정부 끝까지 이어졌다. 여당이 압승한 2020년 4·15 총선 이전까지 무려 24명의 장관급이 국회 청문보고서 채택 절차를 거치지 못한 채 임명을 강행했다. 여기엔 검찰총장 윤석열, 법무부 장관 조국, 추미애, 박범계 등도 포함된다.

민주당이 압승한 4·15 총선 이후에는 18개 국회 상임위를 여당이 독식함에 따라 여당에서 단독으로 청문보고서를 채택하면 그만이었다. 국정원장 박지원이나 통일부 장관 이인영, 외교부 장관 정의용, 문화체육부 장관 황희, 국토교통부 장관 변창흠 등이 그렇게 임명됐다.

이와 함께 전 환경부 장관 김은경 구속으로 막을 내린 '환경부 블랙리스트 의혹 사건'으로 공공기관 낙하산 인사의 단면도 드러났다. 바른미래당 원내대표 김관영은 당시 "낙하산 인사에 대해서는 문재인 정부가 박근혜 정부보다 한 수 위다. 그 속도가 낙하산을 넘어 이제 수직 강하 수준"이라고 직격하기도 했다.

당시 청와대 관계자는 인사 파동 논란에 대해 이렇게 설명했다. "문재인 대통령은 인사권을 행사할 때 '사람'을 중심에 놓고 판단하기 때문에 파격이 많을 수밖에 없고, 다른 결격사유가 드러난다고 하더라도 일을 잘할 수 있다는 판단이 서면 밀어붙이는 스타일이다."

해당 인물을 에워싸고 있는 주변 요소나 상황을 고려하지 않는 문재인 대통령의 스타일 때문에 국회 인사청문회를 통과하지 못하는 후보에 대한 임명 강행도 많을 수밖에 없었다는 설명이다.

민정수석 조국을 법무부 장관으로 지명해 임명을 강행했던 점이 대표적인 경우라고 할 수 있다. 조국이 법무부 장관 후보자로 지명되자 납득하기 힘든 '내로남불'들이 쏟아져 나왔지만, 문재인 대통령은 사법개혁을 위한 적임자로 점찍은 조 후보자를 법무부 장관으로 기용하겠다는 의지를 관철했다. 심지어 조국에 대해 "마음의 빚을 졌다"라고까지 했다.

'사람'만 보는 문재인 대통령의 이 같은 인사 방식은 '코드인사'라는 비판을 불러왔지만 개의치 않았다. 이에 대해서 문재인 대통령은 노무현재단 이사장 시절, "당연한 거 아니냐"는 생각을 감추지 않았다. '코드

인사'라고 표현하다 보니 부정적인 이미지가 덧씌워지는데, 대선공약을 이행하고 향후 국정 방향을 공유하기 위해 철학이나 이념을 공유할 수 있는 사람들끼리 함께 일하는 것이 왜 비판받을 일이냐는 논리다.

3부

시스템 오작동을
불러오는 요인들

1장

인사정치:
내 사람 내 곁에

   국정 운영을 위한 인사가 시스템에 의하지 않고 권력 주변의 뜻대로 이뤄지다 보니 대통령이 어떤 인생 여정을 거쳐서 권좌에 올랐는지에 따라 나라를 이끌어가는 집단이 다르게 형성된다.

   한눈에 파악되는 건 학연·지연·혈연과 정파 정도지만 더 세부적인 부분에서 대통령과 인연을 맺어 요직에 오르는 경우가 많다.

   역대 정권마다 다양한 사례가 있지만 가장 최근에 재임한 문재인 대통령을 중심으로 인사권자 삶의 궤적이 용인술에 어떤 영향을 미치는지 파악해본다. 다른 대통령들도 지금부터 소개하는 문재인 대통령의 경우와 유사한 인사권 행사가 많다.

정치권 입문 전의 인연 챙기기

　문재인 대통령의 인사 스타일은 청와대 인사수석 김외숙을 발탁하고 그 이후에 보여준 신뢰 관계에 많은 부분이 녹아 있다.

　김외숙은 문재인 대통령과 30년에 걸친 오랜 인연이 있다. '민주사회를 위한 변호사모임(민변)' 출신인 김외숙은 1992년 "노동 변호사가 되고 싶다"면서 변호사 문재인(노무현·문재인 합동법률사무소)을 찾아가 인연을 맺었다. 포항 출신인 김외숙이 부산에서 변호사를 시작했던 건 전적으로 '문재인 변호사' 때문이었다.

　문재인 대통령 입장에서 볼 때 김외숙에게 남다른 애착을 가질 수밖에 없는 인연이기도 하다. 첫 조각에서 김외숙을 법제처장으로 발탁했던 주된 배경도 '오랜 인연'이었다. 김외숙은 "문재인 대통령은 처음과 끝, 안과 밖이 같은 사람"이라는 평가와 함께 법제처장 임기를 시작했다. 재임 시 '평양 공동선언'은 국회 비준 대상이 아니라는 등의 유권해석으로 문재인 대통령을 측면 지원하기도 했다.

　2019년 5월 청와대 인사수석으로 자리를 옮긴 김외숙은 인사 검증 실패로 수차례에 걸쳐 경질 여론이 일었으나, 문재인 대통령은 신임을 거두지 않았다.

　김외숙은 원래 인사 분야에 경험이 없었고, 인사 때마다 후보자들에게 제기된 자녀 관련 의혹이나 논문 표절 시비는 물론이고, 폭행과 막말, 심지어 도자기 밀수 의혹 등으로 부실 검증 논란에 휩싸였다. 그러나 김외숙은 끝까지 자리를 지켰다. 청와대 주변에서는 대통령과 임기를 함께할 것이라는 데 이견을 제시하는 사람이 없을 정도였다. 2020년 8월 청와대 참모들의 다주택 논란 당시 사의를 표했으나 반려되기도 했다.

대통령의 신뢰와 애정이 그만큼 각별했다고 볼 수 있지만, 인사 사안에 대해 대통령 의중 살피기에만 충실하다 보니 매번 잡음이 일어날 수밖에 없는 구조였다는 평가도 가능하다.

문재인 대통령이 임기를 6개월 정도 남긴 시점에 인하대 법학전문대학원 교수 김인회를 임기 4년의 감사위원으로 발탁하며 일명 '알박기'를 한 인사도 오랜 지인 챙기기라고 할 수 있다.

문재인 대통령과 김인회는 검찰개혁을 주제로 한 책『문재인, 김인회의 검찰을 생각한다』*의 공동 저자다. 또 노무현 정부 시절 문재인 대통령이 청와대 비서실장을 할 때 김인회는 사회조정1비서관, 시민사회비서관으로 함께 일했던 인연이 있다.

특정 집단 불신 또는 선호

문재인 대통령은 2021년 3월 법무부 장관 박범계와 인사 갈등을 빚으면서 사퇴한 민정수석 신현수의 후임으로 감사원 감사위원 김진국을 낙점했다. 김진국은 노무현 정부 청와대에서 법무비서관을 지내며

---

* 문재인, 김인회, 오월의봄, 2011.

당시 민정수석과 비서실장을 거쳤던 문재인 대통령과 호흡을 맞췄다. 대선 때는 문재인 캠프에도 참여했다. 인연 맺은 사람은 가급적 끝까지 챙기는 문재인 대통령의 인사 스타일이 드러난다. 그러나 김진국은 9개월 만인 12월 "아버지가 민정수석인데 많은 도움을 드리겠다"는 아들의 입사지원서가 문제가 되면서 사퇴했다.

문재인 대통령은 사실상 마지막 민정수석으로 판사 출신인 법무비서관 김영식을 낙점했는데, 역시 돌려막기라는 비판을 받았다. 그러나 문재인 정부 비(非)검찰 출신 민정수석 기조는 이어졌다. 검찰에 대한 불신으로 시작된 비검찰 출신 민정수석은 문재인 정부에서 임명된 7명의 민정수석 가운데 신현수를 제외한 6명이었다. 신현수는 불과 63일 만에 물러났으니 사실상 모든 민정수석이 비검찰 출신이었다고 할 수 있다.

문재인 대통령이 선호한 집단은 노무현 정부 시절 청와대에서 함께 근무했거나 행정 부처에 있었지만 업무상 익숙한 인물군이다. '노무현의 그늘'은 임기 마지막까지 이어졌다. 고용노동부 관료였던 일자리수석 임서정, 외교부 관료 출신인 국가안보실 2차장 남관표, 재정경제부 출신인 경제수석 윤종원, 산업통상자원부 출신인 산업정책비서관 채희봉 등은 모두 참여정부 청와대에서 근무했고 문재인 정부 후반부에도 자리를 지켰다.

총무비서관 이정도는 기획재정부 관료 출신으로 문재인 정부 출범과 함께 대개 대통령 측근이 맡아온 총무비서관에 발탁되면서 의외의 인사라는 평가를 받았다. 그러나 이정도 역시 참여정부 시절 청와대 행정관으로 파견근무를 한 이력이 있다.

일반적으로는 어느 정권이나 임기 후반부로 갈수록 늘어나는 '어공' 의 빈자리를 '늘공'이 채운다. 전월세 상한제 도입 직전 자신이 보유한 강남 아파트 전세보증금을 대폭 인상한 사실이 드러나면서 정책실장 김상조가 사퇴했을 때 기재부 출신들이 대거 약진한 게 대표적이다.

2021년 3월 김상조 후임으로 영전한 경제수석 이호승은 기재부 정통 관료로 1차관까지 지낸 후 문재인 정부 들어서 청와대와 기재부를 오 가며 요직을 맡았던 인물이다. 이후 문재인 대통령은 이호승 정책실장 임명으로 공석이 된 경제수석에는 기재부 2차관 안일환을 발탁했다. 기재부 2차관에는 예산실장 안도걸이, 1차관에는 경제정책비서관 이억 원이 각각 임명됐다.

결국 기재부 출신 관료들에게 정권 말기의 경제정책을 모두 맡긴 셈 이다. 이를 두고 정치권에서는 '순장조'(대통령 퇴임 시점까지 함께하는 참 모)를 찾기 힘들어지자 어쩔 수 없이 관료들을 발탁할 수밖에 없었던 것 아니냐는 분석도 있었다.

정권 비판 방어용 인사

코로나19 사태 초기 정부가 K-방역 자화자찬에 취해 백신을 확보하 지 못했다는 비난이 쏟아질 때 '구세주'처럼 나타난 사람이 국립암센터 국제암대학원 교수 기모란이었다. 기모란은 아래와 같은 요지의 주장을 내놓았다.

"우리나라는 코로나 환자가 많지 않으니 백신을 천천히 구해도 된다. 특히 백신의 안정성이 아직 담보되지 않았으니 다른 나라에서 충분한 실험이 되고 나면 나중에 더 안전한 백신이 나올 거다. 그때 백신을 구입해도 된다."

당시 화이자는 자사의 코로나19 백신 효과가 95%에 달한다고 발표한 상태였지만, 친문 진영 입장에서 기모란의 주장은 백신 미확보에 대한 방어논리로 활용할 수 있는 좋은 도구였다.

문재인 대통령은 기모란을 방역기획관으로 발탁했고, 청와대는 "국민의 코로나 이해에 크게 기여했다"고 기모란 발탁 배경을 설명했다. 하지만 기모란은 임명 후 존재감을 드러내지 못했다. 코로나19에 적극 대응하기 위해 신설한 방역기획관 인사에 대해 그 이후에도 '방역기획관으로서의 자질'에 대한 꼬리표는 떨어지지 않았다.

대선 때 신세 진 지역과 여당 챙기기

노무현·문재인 대통령의 공통점은 '호남의 지지를 받은 PK 대선후보'다. 논공행상에서 고향인 부산·경남도 챙겨야 하지만 호남을 빼먹으면 엄청난 역풍을 맞는다.

문재인 대통령은 임기 내내 호남 인맥을 주요 포스트에 앉혔다. 초대 국무총리 이낙연, 국회의장을 지낸 국무총리 정세균, 교육부 장관 김상

194

곤, 법무부 장관 박상기, 국방부 장관 서욱, 국정원장 박지원 등 굵직한 직책에 호남 출신이 대거 등용됐다. 정권 초반 국민소통수석 윤영찬도 전북 전주가 고향이다.

집권 2주년을 앞둔 2019년 4월 8일 청와대는 2기 내각 명단을 발표하면서 "더 이상 불필요한 논란을 피하기 위해서"라는 설명과 함께 '출생지' 대신 '출신 고등학교'를 중심으로 발표했다. 당시 인사 대상 7명 가운데 4명이 호남 출신이었지만, 출신 고교를 기준으로 하면 호남은 한 사람도 없었다. '눈 가리고 아웅'이라는 비판이 일 수밖에 없었다.

정권 출범 시기에 민주당 출신 정치인들도 장관 자리에 대거 발탁했다. 김부겸(행정자치부), 도종환(문화체육관광부), 김현미(국토교통부), 김영춘(해양수산부) 등 정치인들을 내각에 중용했다. 김부겸은 후에 국무총리에 올랐다.

주류 교체용 인재 양성 인사

진보 진영의 인재풀을 넓히기 위한 '전략적 인사'도 적지 않았다. 그 중 실패한 인사의 백미는 검찰총장 윤석열과 법무부 장관 조국 발탁이다.

조국을 민정수석에 이어 법무부 장관으로 기용한 건 검찰개혁 임무 외에 '차기 대통령'까지 염두에 둔 몸집 키워주기 차원도 있었다. 조국의 대중적 인기를 감안할 때 문재인 대통령의 최대 관심사인 검찰개혁을 마무리하고, 성공한 정치인으로 성장시키면 실현 불가능한 그림은 아니었다. 문재인 대통령이 핵심 지지층을 제외한 다른 국민들이 반대하는 조국 장관 임명을 강행한 배경에도 그 같은 자신감이 있었다고 봐야 한다.

전임 정권에서 좌천당해 한직으로 밀려나 있던 검사 윤석열을 서울중앙지검장으로 발탁한 데 이어 검찰총장으로 급성장시킨 건 이른바 '적폐 청산에의 의지'가 출발점이었다. 그러나 검찰개혁 단계에서 걸림돌로 작용하자 검찰총장 윤석열을 몰아내기 위해 온갖 수단을 동원했다. 하지만 이때도 문 대통령은 직접 윤석열을 내치는 방법은 선택하지 않았다.

임기가 있는 검찰총장이기는 하지만, 인사권자가 확실한 의사를 표현한다면 물러날 수밖에 없는 게 현실이다. 하지만 문재인 대통령은 우회로를 선택했고, 조국·추미애·박범계 세 명의 법무부 장관을 거치며 압박을 이어갔다. 그러나 그 결과 윤석열은 야당 대선후보가 됐다. 이뿐만 아니라 제20대 대통령선거에서 윤석열 후보가 승리하며 불과 5년 만에 정권을 내주었으니 그야말로 실패한 인사가 아닐 수 없다.

실무급 인사에서도 진보 진영의 차세대 인물을 키우겠다는 방향성이 뚜렷했다. 정권 재창출에 성공했을 때를 대비해 '인재풀' 확대 차원에서 일찌감치 사람을 키워나가겠다는 전략이 담겼다. 후계자 육성이나 차세대 인재 영입에 소홀했던 보수정권 대통령들과 차별화되는 것으로, 문재인 대통령이 언급해왔던 '대한민국 주류 교체'와도 맞아떨어지는 방향성이다.

학생운동과 시민 사회운동 출신 젊은 청와대 행정관들을 비서관에 이어 수석으로 승진시키는 것이 가장 보편화된 스타일이었다. 타이밍이 맞으면 국회의원으로 업그레이드하는 게 다음 순서다.

참여정부 청와대 대변인과 정무비서관을 지냈던 정태호는 문재인 정부 들어 정책기획비서관과 일자리수석을 거쳐 21대 국회의원이 됐다. 19대 국회에서 정의당 원내대변인과 원내수석부대표로 활동했던 김제남은 문재인 청와대에 합류해 기후환경비서관과 시민사회수석으로 정당을 넘나들면서 활동 범위를 넓혔다.

김부겸 국무총리실 정무실장 유대영은 청와대 정무비서관실 선임행정관과 자치발전비서관을 거쳤다. 아나운서 출신으로 대선캠프에서 활동했던 국회의원 고민정은 문재인 정부 첫 부대변인에서 대변인을 거쳐 21대 총선에 출마해 당선된 후 친문 세력의 스피커로 최전방에서 활약 중이다.

대통령의 '고집불통' 인사

문재인 대통령은 일단 어떤 위치에 사람을 기용하면 웬만해선 바꾸지 않았다. 후임을 찾기가 쉽지 않았을 수도 있지만, 한번 믿었던 사람은 신뢰를 거두지 않는 스타일이었다. 각종 논란이나 비판이 제기돼도 여론에 의해 경질한 사례는 찾아보기 힘들다.

일단 지명하면 인사청문회 과정에서 온갖 흠결이 드러나도 임명을 강행했고, 그러다 보니 국회의 추인을 받지 못한 장관급 인사 총합이 노무현·박근혜·이명박 세 정권을 합친 만큼(30명)이나 됐다.

김현미는 20차례가 넘게 발표된 부동산 정책이 실패했음에도 최장수 국토교통부 장관 기록을 세웠다. 한미·한일 외교가 파국으로 치달았음에도 외교부 장관 강경화는 장수했다. 경제부총리 홍남기는 여당의 코로나 재난지원금 편성 요청에 반발하며 수차례에 걸쳐 사의를 표명했지만, 그때마다 재신임하면서 반려했다.

물론 "50~60대는 SNS에 험한 댓글을 달지 말고 아세안으로 가야 한다"고 말해 논란을 빚은 청와대 경제보좌관 김현철을 신속하게 경질하는 등 예외가 없지는 않았지만, 특히 청와대 비서진의 경우 가급적 불명예 퇴진만큼은 피했다.

전 법무부 차관 김학의 출국금지를 주도한 혐의를 받았던 민정비서관 이광철에 대해 경질 주문이 쏟아졌지만 검찰이 기소할 때까지 자리를 지키게 했다. 그러면서도 교체 시점을 '후임자 지명 때까지'로 미루면서 온갖 잡음을 자초했다.

하지만 한국토지주택공사(LH) 직원들의 땅 투기로 부동산 민심이 냉랭해지면서 이 같은 고집불통 인사에도 변화 기류가 감지됐다.

서울과 부산 시장 재보궐선거를 코앞에 둔 2021년 3월 말 청와대 정책실장 김상조를 전격 경질했다. 김상조는 임대료 인상폭을 5%로 제한하는 '임대차 3법' 시행 직전 본인의 강남 아파트 전세보증금을 14%나 올렸던 사실이 언론보도로 드러났다. 문재인 대통령은 보도가 나온 지 채 하루도 지나지 않아 경질했다.

앞서 변창흠 국토교통부 장관도 LH 사태가 터진 지 열흘 만에 사의를 표명했고, 문 대통령은 '한시적 유임'을 택하기는 했지만 사실상 교체했다.

2022년 1월 임기가 끝나면서 사의를 표명한 중앙선관위 상임위원 조해주에 대해 사표를 반려하고 비상임위원으로 임기를 연장시키려 했으나, 중앙선관위 소속 1~9급 직원 전원과 전국 17개 시·도 선관위 지도부의 집단 반발이라는 초유의 사태를 겪고 철회하기도 했다.

참여연대 등 시민단체 전성시대

문재인 청와대에는 '86'으로 대표되는 학생운동권과 노동운동, 시민운동 등을 거친 인사들이 주류를 형성했다. 그중에서도 '참여연대' 출신이 대거 기용되면서 참여연대의 사회 부조리 견제 기능은 약화 또는 상실될 수밖에 없었다. 시중에는 '만사참통(萬事參通)'이라는 비아냥거림이 나돌았다.

청와대 정책실장은 사실상 참여연대의 '몫'이었다. 기재부 출신 이호승을 제외한 전임자 3명이 모두 참여연대 출신이었다. 초대 장하성은 참여연대 경제민주화위원장 출신이다. 장하성의 뒤는 참여연대 정책위 부위원장을 지낸 김수현이 이었다. 김수현의 후임 김상조는 참여연대 경제개혁센터 소장을 지냈다. 김상조는 문재인 정부 첫 공정거래위원장도 역임했다.

전 여성가족부 장관 이정옥은 참여연대 국제인권센터 소장을 지냈다. 이정옥은 전 서울시장 박원순과 전 부산시장 오거돈의 빈자리를 보충하기 위해 치러지는 보궐선거 지출 비용 838억 원에 대해 "국민 전체가 성인지 감수성을 학습하는 기회가 되는 비용"이라고 말해 논란을 빚었다. 또 두 전직 시장의 성추행이 권력형 성범죄냐는 국회 질문에는 "수사 중인 사건에 죄명을 규정하는 것은 적절하지 않다"는 답변을 내놓았다가 "여성가족부 장관 맞느냐"는 자질론에 휘말리기도 했다. 이정옥은 결국 교체됐다.

앞서 문재인 정부 초대 여성가족부 장관을 지낸 정현백도 참여연대 공동대표 출신이며, 청와대 전 사회수석 김연명은 참여연대 사회복지위원장을 지냈다.

참여연대 창립 멤버로 사무처장과 정책위원장 등을 역임했던 전 국회의원 김기식은 문재인 대통령이 금융감독원장으로 임명했으나 로비성 해외 출장 논란으로 결국 15일 만에 퇴진했다. 김기식이 금융감독원장에 발탁된 2018년 4월 당시 경제정책의 컨트롤타워인 청와대 정책실장 장하성, 경제 검찰로 불리는 공정거래위원회 위원장 김상조가 모두 참여연대 출신이었으니 김기식이 금융위원장으로 가세했으면 참여연대 출신으로 '경제민주화 삼각편대'가 완성될 수도 있었다.

청와대 민정수석에 이어 법무부 장관으로 임명됐던 조국은 참여연대 사법감시센터소장 출신이다. 의전비서관 탁현민도 참여연대 문화사업국 간사로 사회생활을 시작했다. 전 사회혁신수석 하승창은 경실련 정책실장 출신이다.

문재인 대통령은 내각과 청와대의 역할이 다르므로 인사 방향도 분리해서 기준을 정했다. 2017년 대선 도중 동아일보와의 인터뷰에서 "내각은 대탕평의 원칙 아래 제가 모르는 분이라도 능력 있는 인재를 발탁하고, 청와대는 비서실장부터 저와 지향이라든지 정체성이 같은 분들이 해야 한다고 생각한다"고 했다. 아마도 문재인 대통령은 참여연대의 활동이 본인의 지향성, 정체성과 가장 근접하다고 판단한 듯하다.

2장

논공행상:
독으로 돌아온 빚

　대통령 인사권 행사의 백미는 국무총리와 각 부처 장관을 뽑는 조각과 개각이다. 그중에서도 새 정부가 출범하면서 첫 내각을 짜는 일은 정권의 성패와 직결된다. 첫 단추를 잘 끼워야 하듯이 조각 단계에서 파열음이 나거나 첫 출범 후 정책 혼선을 빚으면 임기 내내 허둥거린다. 이 경우 장관을 교체하는 후속 개각에도 악영향을 미친다.

　개각보다 조각이 훨씬 어려운 이유가 있다. 전쟁에서 이기거나 나라를 세우면 논공행상(論功行賞)이 이뤄지듯이 대선에서 승리해 정권을 잡으면 공이 많은 사람들에게 벼슬[賞]을 줘야 한다. 이 과정에서 새로 권력을 잡은 이너서클 안에서 서로 많은 역할[功]을 했다며 자리다툼이 벌어진다.

　새 정권 출범 때 넓은 의미의 '조각'은 장관 등 국무위원 구성에만 그치지 않는다. 대통령비서실장과 각 수석비서관, 비서관을 포함하는 청와대 참모진, 정부산하기관장 등 대통령의 인사권 행사 범위에 포함되는 자리 중 거의 대부분이 새로 짜인다.

관례로 굳어진 논공행상을 배제하면 대통령의 의지로 조각을 하면서 훨씬 효율적인 정부를 구성해 성공한 정권을 만들 수 있을 것이다. 그러나 현실에선 그렇지 않다. 정권 실세들이 한 자리라도 더 차지하기 위해 드라마 같은 일들을 벌인다.

"이러려고 그러셨어요?" 박근혜의 차가운 반응

2012년 대선에서 천신만고 끝에 정권 재창출에 성공한 새누리당의 당내 기류가 심상찮았다. 이명박 정부에 이어 박근혜 정부를 탄생시킨 산실이면서도 전반적인 분위기는 뒤숭숭했다.

무엇보다 선거 승리의 공이 당에 돌아오지 않고 있다는 불만이 팽배했다. 당내에서 볼 때는 외부 인사 위주로 꾸려진 대통령직인수위의 갈팡질팡 아마추어적 정권 인수 작업도 못마땅했다.

박근혜 대선캠프의 주축은 전·현직 국회의원으로 구성된 당내 인사였다. 중앙선대위 공동선대위원장 4명 중에는 당대표 황우여와 전 대표 정몽준이 포진했다.* 부위원장 8명 중엔 전 강원도지사 김진선을 제외한 7명이 전·현직 새누리당 국회의원이었다. 실질적인 선거 사령탑

---

* 나머지 2명은 전 헌법재판소장 김용준, 성주그룹 회장 김성주였다.

도 총괄선대본부장을 맡았던 전 원내대표 김무성이었다.

선대위의 중추 기구인 종합상황실(전 사무총장 권영세), 공보단(전 국회의원 이정현), 특보단(전 정책위의장 이주영), 당무조정본부(사무총장 서병수), 조직본부(국회의원 홍문종), 직능본부(국회의원 유정복)도 모두 당중진이 이끌었다. 주요 실무진 역시 당료, 국회의원 보좌진이 맡았다.

하지만 대선 승리 후 꾸려진 대통령직인수위에서는 이들이 모두 배제됐다. 공보단장을 지낸 이정현만이 당선인 비서실 정무팀장을 맡았을 뿐이다. 인수위원장부터 외부 영입 인사인 김용준이 기용됐다. 9개 분과로 꾸려진 전체 인수위원 24명 가운데 새누리당 현역 국회의원은 5명뿐이었다.

이명박 대통령 당선인의 인수위 구성 때는 정치·행정 경험이 많은 현역 국회의원 9명이 인수위원에 포함됐다. 7개 분과 중 5개 분과 간사를 현역 국회의원이 맡는 등 정무형 실세 인사들이 주축이었다.

인수위에서 당 출신이 사실상 배제된 것은 논공행상과도 연결되므로 민감할 수밖에 없다. 과거에는 대선에서 승리하면 인수위 단계에서부터 당 출신 창업 공신들이 포진해 '점령군' 행세를 했다. 이 과정에서 이너서클의 권력투쟁, 파워 게임도 벌어졌지만 그들이 정권 내내 청와대와 정부의 요직을 좌지우지했다.

그러나 박근혜 대통령 당선인 시절엔 '논공행상'이란 말조차 꺼내기 어려운 분위기였다. 박근혜 당선인의 인사 스타일과 성격을 잘 아는 까닭이었다.

그럼에도 대선 때 박근혜 후보 캠프에 직간접적으로 몸담았던 사람들은 선거 승리 후 한바탕 내전을 치렀다. 대통령직인수위, 나아가 새 정부의 번듯한 자리로 가기 위해 벌어진 양보 없는 힘겨루기였다.

자리는 한정돼 있고, 선거 때 캠프를 무차별적으로 확장하면서 '후보 특보' 등의 명함을 남발했으니 예고됐던 일이다. 그런 경쟁은 내각과 청와대 수석비서관 같은 고위직은 물론 청와대나 총리실 등의 중간 자리를 놓고도 치열했다. 결국 극히 소수의 선택된 대선 공신들만이 자리를 꿰찼다. 나머지는 훗날을 기약했다. 임기 5년 동안 자리가 계속 나오는 것을 위안으로 삼았다.

이후 인사가 있을 때마다 여당 지도부는 대선 공신들을 배려해야 한다는 의견을 청와대에 전달했다. 당대표 황우여가 대통령비서실장 김기춘을 만나 인사 불만을 토로하며 주요 공석에 공신들을 앉혀야 된다는 말을 했다고 한다. 꼭 챙겨야 할 공신들의 명단을 청와대에 전달했다는 말도 들렸다.

역대 정권은 창업 공신들을 확실하게 챙겼다. 김영삼 대통령의 상도동계, 김대중 대통령의 동교동계, 노무현 대통령의 386 참모들은 집권 후 청와대와 공공기관을 장악했다. 이명박 정부 때도 '안국포럼' 출신 등 창업 공신들이 정권의 주축을 이뤘다. 임기 초반에 입성하지 못한 인물들도 외곽에 머물다 자리가 생기면 속속 들어갔다. 임기 5년 내내 창업 공신들을 챙기느라 전문가들은 뒷전으로 물러나는 사례가 많았다. 그때마다 '낙하산 인사' 논란이 일었지만 아랑곳하지 않았다.

박근혜 정부에선 초기부터 달랐다. 일부 공신들이 청와대와 정부 요직에 들어갔지만 매우 제한적이었다. 과거 정부에 비해 비율이 훨씬 낮왔다. 당시 여당의 한 중진 의원이 박근혜 대통령 당선인에게 전화를 걸어 "챙겨줘야 할 사람들이 있다"고 조심스럽게 말을 꺼냈지만 "이러려고 그러셨어요?"라는 대답만 들었다고 한다. 정권 창출을 위한 순수한 마음이 아니라 논공행상을 노리고 도왔느냐는 질책이었다. 그러자 자리를 못 받은 사람들 사이에선 볼멘소리가 터져 나왔다. 그들 입장에선 "그렇다"고 말하고 싶었을 것이다.

"논공행상은 인사정치"

총성 없는 전쟁인 대선이 끝나면 승리한 진영에선 예외 없이 논공행상이 벌어진다. 군사정부 시절과 그 직후까진 포상 수단이 다양했다. 총선이나 지방선거 때 당선이 확실한 지역에 공천을 주는 방식이 있다. 대선때 쓰고 남은 돈, 혹은 새로 조성된 통치 자금으로 보상을 할 수도 있었다.

그러나 지금은 그런 수단을 쓸 수가 없다. 정당 공천은 상향식 경선이 원칙이다. 김대중 정부 전반부까지는 대통령이 여당 총재를 겸하고 있었지만 현재 대통령은 그냥 '1호 평당원'일 뿐이다. 정치자금의 투명성 강화로 돈으로 보답할 길도 없다.

유일하게 남은 수단이 대통령의 합법적 인사권, 혹은 변칙적 방법을 통해 '자리'를 마련해주는 길이다. 그냥 자리를 줄 때까지 기다리지 않고 집권층과 연이 닿는 곳에 집요하게 이력서를 보내고 압박도 한다.

MB 정부 청와대 인사비서관과 인사기획관을 지낸 김명식 대구가톨

릭대학교 교수는 저서 『국가와 공직』에서 선거 기여자의 유형을 목적성을 띠고 캠프에 적극 참여하는 '선봉형'과, 바라는 바 없이 지지를 보내는 '후원형'으로 구분했다. 특히 전자의 경우 이런저런 방식으로 본인의 공적에 상응하는 자리를 대가로 바라는 경우가 많았다고 술회했다. 그러나 새 정부 초기의 논공행상을 부정적으로만 생각하진 않았다. 대통령이 취임하기 전부터 챙겨야 할 가장 중요한 업무는 함께 일할 좋은 사람을 선정하는 일인데, 당연히 대선에서 고생한 사람부터 검토하게 된다는 것이다. 그들은 선거공약을 개발하고 선거운동을 같이했기 때문에 대통령의 철학을 잘 이해하는 점이 강점이라고 한다.

청와대 인사를 실무적으로 총괄하면서 이명박 대통령과 5년 임기를 같이한 김명식은 '인사정치론'이란 개념을 제시한다. 대통령 인사를 보좌하는 업무는 정무적인 원리가 작동되기 때문에 인사행정은 물론 인사관리와도 사뭇 다른 인사정치 영역이란 설명이다.

"한 달간 5천 명의 인사 파일을 들여다봤다"

이명박 정부 출범 초기 국무총리와 대통령실장 이하 여러 요직의 발탁 대상자는 대통령 당선인 비서실 총괄팀장 박영준의 손을 거쳐야 했다.

국회의원 이상득 보좌관을 거쳐 이명박 시장 시절 서울시 정무국장을 지낸 박영준은 장·차관급, 나아가 국무총리와 대통령실장 인사에까지 막강한 영향력을 행사한다는 소문이 정가에 파다했다.* 박영준은 당시 인수위 기자실을 찾은 자리서 "한 달여간 무려 5천여 명의 인사 파일을 들여다봐야 했다"고 털어놓았다.

당시 이재오계나 정두언 측에서 올라온 명단이 박영준 선에서 차단되기도 했다. 물론 박영준은 재산 및 경력 검증 같은 기초 작업을 마친 인선안을 이상득에게 보고해 '재가' 절차를 거친다는 말도 정가에서 들렸다.**

고려대 후배인 박영준에 대한 이명박 대통령의 신임도 각별했다. 이명박 대통령은 2002년 서울시장 선거 때 형인 이상득이 보내준 박영준을 곁에 두고 일을 시켜본 뒤, 그의 기획력과 조직 구성력에 탄복했다고 한다.

인수위 활동을 끝낸 박영준은 4·9 총선 때 대구 중남구에 출마하려고 했다. 그러나 이명박 대통령이 붙잡았다. 한나라당 공천 신청까지 마친 그를 불러 "곁에서 일해달라"고 2시간 동안 설득했다고 한다.

이처럼 막강한 파워를 과시하며 새 정부 요직 인선을 독점하다시피 했던 이상득계는 치명적인 타격을 받는다. 각료와 청와대 수석비서관에 내정된 인사들에게서 각종 하자가 줄줄이 드러나면서 '인사 파동'이 몰아닥친 것이다.

---

* 이와 관련된 기사가 『신동아』 2010년 5월 호에 게재되자 박영준은 필자에게 전화를 걸어와 "내가 무슨 전횡을 행사한 것처럼 비치는데, 그렇지 않다"고 해명한 바 있다. 조각과 청와대 참모진 인선 당시 대통령 당선인 비서실 총괄팀장 신분으로 제한된 범위에서 주어진 역할만 했다는 취지였다.

** 이에 대해서도 당시 박영준은 "단 한 번도 그런 적이 없다"고 반박했다. "이상득 부의장을 오래 모셨지만 지금은 대통령을 보좌하는 사람인데 대통령께 보고를 드려야지 어떻게 이 부의장께 재가를 받겠느냐"고 했다.

그러자 이 기회를 놓치지 않고 이재오계와 정두언계가 반격에 나선다. 2월 25일 대통령 취임식이 끝나고 공천심사가 본격적으로 진행된 시점을 분수령으로, 친이 내부의 권력 추는 급격히 이재오계와 정두언계 측으로 기운다.

이재오는 정부 요직 인사권은 제대로 행사하지 못했지만 총선 공천권만은 놓칠 수 없다고 보고 이상득계인 이방호와 정종복까지 끌어들여 치밀한 전략을 짰다. '개혁 공천'을 기치로 공천심사위를 장악했다. 공천심사 과정에서도 이상득계가 '실세'인 것으로 오인한 수많은 공천 희망자가 이상득은 물론 최시중과 박영준에게 몰려들었지만 이들은 이미 인사 파동으로 힘이 떨어진 상태였다. 대신 이재오 - 이방호 - 정종복 라인이 공천을 좌지우지했다.

정두언도 가만히 있지 않았다. 이상득과 이재오를 겨냥해 공천 파동에 책임지고 총선 불출마를 선언한 뒤 2선으로 물러나라며 압박했다.

이런 와중에 한나라당 수도권 공천자 19명이 3월 23일 오후 한나라당 기자실에 떼 지어 나타났다. 이들은 기자회견을 통해 "서민을 외면한 정책 혼선, 잘못된 인사, 의미가 퇴색된 개혁 공천에 대해 청와대와 당 지도부가 국민에게 사과해야 한다. 인사를 잘못한 청와대 관계자에게 책임을 묻고 사퇴시켜야 한다"고 요구했다. 나아가 이상득의 공천 반납을 요구했다. 이들의 기자회견에 동조하는 공천자가 속속 나타나 나중에는 동참자가 55명으로 늘어났다. 이른바 '친이 55인 친위 쿠데타'였다.

이명박 대통령은 자신의 측근들이 대국민 사과를 운운하고 형인 이상득의 퇴진을 요구하자 단단히 화가 났다. 이날 저녁 주모자로 지목된 이재오를 청와대로 불러 "대선이 끝난 지 얼마나 됐다고 이런 분란을 일으키느냐"며 호되게 꾸짖었다. 이 대목에서 이재오가 어떤 대답을 했는지, 뭔가 오해가 있던 것을 풀었는지는 알려지지 않고 있다. 대신 이명박 대통령과 이재오 회동 이후 55인의 '선상 반란' 주모자가 정두언으로 바뀌어버렸고, 이재오의 날개가 꺾인 건 분명하다. 이상득이 선상 반란을 진압하고 부활하는 순간이었다.

박영준의 역공 "정두언도 청와대에 30명 꽂아"

이상득계와 정두언의 인사 갈등이 첨예할 무렵 박영준은 필자에게 정두언의 인사 개입 의혹을 제기했다. "청와대 참모 인선 과정에서 정두언 의원은 50명가량의 명단을 (인선팀에) 전달했다. 나중에 보니 그중에서 30명 정도가 관철됐더라. 정 의원이 추천한 사람이 청와대에 제일 많이 들어왔다. 정 의원이 청와대 인사에서 배제됐다는 것은 말도 안 된다."

정두언이 50명을 추천해 30명을 관철시켰다는 말은 청와대의 다른 관계자에게서도 확인할 수 있었다. 여의도 국회 주변에서도 정두언과 평소 인연이 있는 국회의원 보좌관들을 포함해 많은 사람을 청와대에 입성시켰다는 말이 나돌았다.

그 무렵 정두언은 폭탄 발언을 했다. 한 일간지와의 인터뷰에서 "청와대 일부 인사가 국정 수행에 집중한 게 아니라 전리품(인사) 챙기기에 골몰했다"고 직격탄을 날렸다. 그러곤 국회의원 한 사람과 청와대 참모 3명을 '권력 사유화'의 장본인으로 지목했다. 정두언이 겨냥한 국회의원은 이명박 대통령의 친형인 이상득, 청와대 참모 3명은 대통령실장 류우익, 정무1비서관 장다사로, 그리고 박영준이었다. 정두언은 특히 박영준을 원색적으로 비난했다.

"B비서관(박영준 비서관)은 노태우 정권의 박철언, 김영삼 정부의 김현철, 김대중 정부의 박지원, 노무현 정권의 안희정·이광재 씨를 다 합쳐놓은 것 같은 힘을 가졌다고 보면 된다. B비서관은 대통령 주변의 사람들을 이간질시키고 음해하고 모략하는 데 명수다."

자신의 인터뷰 기사가 보도된 날 국회 출입기자들에게 정두언 의원실에서 이메일을 보내왔다. 보도 내용을 부인하는 게 아니라 "그렇게 말한 것이 맞다"고 확인하고 자신의 의견을 덧붙여 설명한 글이었다. 작심하고 사건을 일으켰음을 알 수 있다.

정 의원은 이어 6월 9일엔 한나라당 의원총회 신상 발언에서 "인사 실패가 국정 무능 및 부도덕 인사로 이어져 국정 실패까지 초래했다. 이제는 책임질 사람들이 각자 자기 거취를 결정하면 된다"고 마무리 펀치를 날렸다.

박영준은 처음엔 "너무나 억울하다"면서 이에 강력히 맞설 생각임을 내비쳤다. 그러나 정두언의 의원총회 발언이 있던 날 오후 이명박 대통령과 한 시간 동안 면담한 뒤 "대통령께 누가 된다면 청와대에 한시라도 더 머물 수 없다"며 류우익에게 사표를 내고 짐을 쌌다. 그는 눈물

콧물이 범벅이 된 채 직원들에게 인사를 했다고 한다.

정두언과 박영준은 정권 창출의 산실인 '서울시청팀'과 '안국포럼'의 핵심 멤버였다. 창업 1등 공신인 두 사람이 왜 그처럼 관계가 틀어져 박영준이 정두언에게 극도의 불신을 표시하고, 정두언은 '공신의 난'을 일으키는 지경까지 갔을까. 바로 '논공행상'이 도화선이었다.

박영준은 1994년 이상득의 국회 참모로 정치권에 발을 디뎠다. 2002년 서울시장 선거 당시 이명박 후보 선거캠프에 차출된 뒤 돈독한 신임을 받아 '1미터 측근'이란 말도 들었다.

정두언은 행정고시 24회 출신으로 총리실 등에 근무하다 2000년 총선에 나섰다가 실패한 뒤 2002년 서울시 정무부시장으로 발탁됐다. 그역시 'MB의 복심 중 복심'으로 불리면서 핵심 측근으로 자리 잡았다.

'이명박 대통령 만들기'에 의기투합했을 때만 해도 51세인 정두언과 48세인 박영준은 호형호제했다. 그러나 대선에서 승리를 거둔 뒤 정부와 청와대 요직 인선을 하는 과정에서 두 사람은 팽팽한 힘겨루기를 벌인 것으로 알려졌다. 특히 인수위 인사를 주도하던 정두언이 정부와 청와대 인선에서 소외되면서 관계가 극도로 악화됐다. 그러다 '결정적 사건'이 발생하는 바람에 둘은 완전히 갈라섰다.

화약고는 정치권과 연결 고리를 갖는 청와대 정무1비서관(여당 담당)과 정무2비서관(야당 담당) 자리였다고 한다. 정두언은 이 자리에 각각 자신과 가까운 이태규(윤여준 전 의원 보좌관)와 현역 한나라당 국회의원 보좌관인 L씨를 천거한 것으로 알려졌다. 그러나 이 두 자리는 결국 장다사로(전 이상득 국회부의장 비서실장), 전 중앙일보 논설위원 김두우에게 돌아갔다. 대신 이태규는 연설기록비서관으로 교통정리됐다.

정두언은 자신이 추천한 두 사람이 '물먹은' 배후에 박영준이 있다고 단정한 것으로 알려진다. 장다사로는 이상득계이고, 김두우는 박영준과 경북 동향이다. 이 두 사람을 발탁하기 위해 L보좌관을 내치고 이태규는 다른 자리로 옮겼다고 생각했다. 하지만 김두우가 청와대에 합류한 건 친분이 있던 류우익의 직접 요청에 의한 것으로 나중에 전해졌다.

교통정리된 이태규는 이명박 정부 출범 불과 한 달 만에 돌연 사표를 냈다. 당시 "청와대 보직이 몸에 맞지 않는 옷을 입은 것 같았다"고 사퇴의 변을 밝혔다. 자신의 '전공'과 다른 자리를 맡아 적응하기 어려웠다는 얘기다. 실제로 이태규가 작성해서 올린 대통령 연설문이 제대로 반영되지 못하고 어느 선에선가 대폭 고쳐지곤 해서 마음고생이 심했다는 말도 들렸다. 그는 청와대를 나온 뒤 KT에 전무급으로 간 다음 2012년 제18대 대통령선거 때 안철수 후보의 미래기획실장을 맡으며 정치권에 복귀했다.

정두언은 정무비서관 인선 과정에서 밀린 직후 박영준을 겨냥해 극도의 적대감을 나타냈다고 한다. 당시 사정을 꿰뚫고 있었던 여당 관계자의 전언이다. "정두언은 L보좌관이 모시고 있는 의원에게 양해를 구해가면서까지 그를 청와대 정무2비서관으로 넣으려 했다. 그러나 뜻대로 되지 않자 그 의원과 L보좌관을 만나 울분을 토로했다. '박영준이 나에게 이럴 수 있느냐. L보좌관이 내 라인도 아니지 않으냐. 그 자리가 적합한 인물이라고 생각해서 천거했는데 박영준이 자기 사람을 넣기 위해 밀어냈다'고 했다."

정두언의 말대로 L보좌관은 '정두언 직계'로 보기는 어렵다. 다만 두 사람은 같은 '386 세대'로, L보좌관이 대선 당시 선대위에 파견돼 정권 창출 후 새 정부가 나아가야 할 방향을 담은 보고서 작성 등에 관여하면서 서로 인연을 맺었다고 한다.

이 대목에 대해서도 당시 박영준 측 한 인사는 펄쩍 뛰었다. "청와대 정무비서관과 같은 요직은 대통령이나 대통령실장이 직접 결정한다. 일개 비서관이 임의로 자신과 친한 사람을 앉힐 수 없다. 더구나 박영준과 김두우는 적극적으로 자리를 챙겨줘야 하는 관계가 아니었다."

그 인사는 "박영준은 박철언, 김현철, 박지원, 안희정, 이광재 씨를 다 합쳐놓은 것 같은 힘을 가졌다"는 정두언 발언에 대해서도 "말도 안 되는 얘기"라고 일축했다. 이어지는 항변이다.

"박영준이 인사 전횡을 일삼았다는 구체적 사례가 하나도 나온 게 없다. 박철언, 김현철, 박지원, 안희정, 이광재 씨는 모두 권력형 비리 의혹에 연루된 바 있다. 그러나 박영준 전 비서관이 이런 비리를 일으키고 있다는 얘기는 없다. 박 전 비서관은 이들과는 달리 '마구 휘두를' 권력 자체가 없기 때문이다. 박 전 비서관의 위상을 정확하게 설명하자면, 이명박 대통령이 크게 신뢰하는 '대통령 심부름꾼' 정도였다. 말하자면 윗분이 시키는 대로 일만 하는 실무형 참모였을 뿐이다. 99%는 윗분이 시키는 대로 하고 1%는 자신이 결정해서 했다."

정말 박영준에겐 권력형 비리에 연루될 만큼의 '마구 휘두를' 권력 자체가 없었을까. 그는 나중에 국무총리실 공직윤리지원관실의 불법사찰과 파이시티 인허가 비리 사건으로 징역 2년, 추징금 1억 6,400만 원의 유죄 판결을 받았다. 그 외에도 여러 권력형 비리에 연루된 의혹을 샀다.

400만 회원 외곽 캠프 '선진국민연대' 꾸린 업보

박영준은 이명박 정부 초기 자신이 가진 권력을 이용해 인사에 어느 정도 개입했을까. 당시 대통령의 인사권이 미치는 자리에 인사 요인이 생기면 박영준과 김명식 인사비서관, 김강욱 민정2비서관 등이 참여하는 '인사실무회의'에서 기초 선별 작업을 한 것으로 알려졌다. 여기서 2~3배수로 후보를 압축하면 민정수석실의 검증을 거쳐 비서실장 류우익과 수석비서관들로 구성된 '인사추천위원회'에서 검토한 뒤 대통령의 최종 낙점을 받는 형식으로 인사가 이뤄졌다.

1차 대상자를 추리는 과정에서 청와대와 국정원, 행정안전부 인사실(구(舊)중앙인사위원회) 등이 확보하고 있는 존안자료를 들춰보지만 당·정·청에 포진한 여권 인사들로부터 추천을 받는 경우도 많다.

인사실무회의가 2~3배수 후보자로 채택할 수 있는 재량권이 큰 셈이다. 그러나 이후 인사추천위원회와 대통령의 재가 과정을 거쳐야 하므로, 어떻게 보면 인사실무회의의 권한은 상당히 제한적이라고도 할 수 있다.

물론 이런 절차는 청와대의 체계가 갖춰진 이후의 공식경로다. 대선 승리 직후 인수위를 구성하고 행정부·청와대와 정부 유관 단체의 요직을 갖춰나가는 과정에선 창업 공신들끼리의 자기 사람 밀어 넣기 경쟁이 극심했던 게 사실이다. 결국 대통령과의 접근성이 높은 측근들의 입김이 더 세게 작용할 수밖에 없었던 구조다.

박영준은 이명박 대통령을 도운 사람들을 챙겨야 하는 나름의 이유가 있었다. 그는 대선을 앞두고 전국을 돌아다니며 외곽 조직을 꾸리는 데 앞장섰다. 광주는 41차례나 다녀왔다. 그 성과물이 대선을 두 달가량 앞둔 2007년 10월 24일 출범한 '2007 선진국민연대'다. 전국 240여 개 단체를 하나로 묶은 것으로, 회원 수가 무려 460만 명이었다.

선진국민연대를 꾸리기 위해 그는 엄청난 수의 사람을 만났다. 그는 인수위 시절 "선거 때 도와준 사람들의 전화를 못 받을 때가 있는데 그게 가장 미안하다. '선거가 끝나니까 사람이 바뀌었다'는 이야기를 들을 때 정말 가슴 아프다"고 말한 적이 있다.

이명박 대통령이나 박영준에게 그들은 모두 '빚'이었다. 다만, 능력에 합당한 인사였고 특정 계파가 독식한 것이 아니라면 문제가 될 일은 아니라는 시각도 있다. 그러나 선진국민연대 출신 20명가량이 대선 후 청와대에 입성한 걸 두고는 자기편을 챙기는 논공행상 외에 다른 말로는 설명이 어렵다.

2017년 대선에서 문재인 후보의 외곽 조직 '광흥창팀'을 이끌며 정권 창출 1등 공신 소리를 듣던 전 민주연구원장 양정철은 선거 직후 돌연 출국해 미국과 일본을 오갔다. 그때 양정철은 "갓 취임한 문재인 대통령에게 부담을 주고 싶지 않다"고 이유를 밝혔다. 나중엔 "내가 국내에 있으면 선거 때 신세를 진 사람들의 취업 자리를 알아봐줘야 했기 때문"이라고 했다.

정권을 만드는 데 큰 공을 세우고도 자리 욕심 없이 떠나기는 쉽지 않다. 그런 차원에서 양정철의 문재인 정권 초기 외유는 이너서클 안 파워 게임의 산물이란 해석도 많았다. 물론 이때의 파워 게임도 대통령 인사권과 연결된 문제로 일어났음은 분명하다.

3장
정실인사:
동창회 정권의 탄생

우리나라 부처 장관들의 평균 재임기간은 1년 남짓이다. 여러 문제로 몇 달 만에 그만둔 장관도 부지기수다. 이런 상황에서 업무 연속성은 기대할 수 없다. 고위공무원들의 복지부동, 눈치 보기는 여기서 출발한다.

그럼에도 대통령은 5년 임기 동안 크고 작은 개각을 수시로 단행한다. 논란이 된 한 명을 바꾸는 '원포인트 개각', 서너 명 정도의 '소폭 개각', 대여섯 명의 '중폭 개각', 그보다 더 많은 '대폭 개각', 그리고 '조각 수준의 개각'으로 언론은 각각 이름 붙인다.

개각이 단행되는 경우는 여러 갈래다. 현직 장관 근무 기간이 너무 오래돼서, 문책이 필요할 정도의 말썽을 일으킨 장관이 있어서, 연말연시 혹은 취임 몇 주년을 맞아 분위기 쇄신이 필요해서, 총선이나 지방선거에서 참패한 뒤 국면 전환을 위해서…….

간혹 대통령이 신경을 쓰지 못하면 인사참모들이 논의를 한 뒤 의견을 모아 "지금 이러저러한 이유로 개각이 필요하다"고 건의하기도 한다.

이러한 이유들로 장관을 충당해야 할 수요가 생기면 일반적인 경우엔 청와대 인사 라인에서 해당 부처의 현안이 뭔지, 그걸 풀기 위해선 어떤 경력의 사람이 필요한지를 종합 검토한다. 적임자를 고르기 위해 인재 DB와 존안자료를 뒤진다.

인사참모들은 최상의 인재를 찾기 위해 평판 조회는 물론 후보자의 논문이 있으면 수십 편이든 수백 편이든 다 읽어본다. 그중에서도 가장 좋은 방법은 후보자를 직접 만나보는 일이다.

하지만 공식 인사 라인의 이런 노력은 헛수고가 되는 경우가 많다. 외부에서 대통령을 통해 인재 추천이 이뤄지는 사례가 빈번하기 때문이다. 지연·학연·혈연이 서로 얽히고설키며 꼬리에 꼬리를 물고 청탁성 인사 추천이 이뤄진다.

물론 인사 라인에서 후보군을 고르더라도 대통령의 출신 지역과 성장배경에 맞춰 따로 추려둔 인물들이 우선 검토 대상에 오르기도 한다. 학연·지연·혈연은 엄밀히 말하면 국정철학을 공유하는 코드와 다르다. 그냥 같은 학교를 다녔고, 같은 지역에서 자랐고, 같은 성씨라는 공통분모일 뿐이다. 대통령이 한 명을 끌면 그가 또 다른 사람을 데려와 정권 안에 쭉 진을 친다.

역대 정권마다 인사 탕평, 지역별 안배 등을 강조하지만 말뿐이거나 정권 초기에 구색 맞추기로 잠깐 반짝했다. 특히 정권의 실력자들이 모여 있는 청와대의 참모진들은 이념뿐 아니라 지역적으로 '동지'들이다. 가령 김대중 정부 시절 한때 청와대 공보수석실은 오홍근 수석비서관 외에 비서관 6명 중 4명이 전주고 선후배 사이였다.

김영삼 정부 청와대에서도 '동창회 정권'이란 말이 나왔다. YS 출신 학교인 경남고 인맥이 핵심 권력을 모조리 장악했던 것이다. 당시 청와대를 출입했던 경남고 출신 기자의 회상이다.

"처음 청와대에 들어가 비서실을 돌며 인사를 하는데 깜짝 놀랐다. 각 방마다 한두 명씩은 재경 동창회에서 얼굴을 익혀 알던 사이더라. 사실 YS가 정권을 잡고 나서 출입기자들도 경남고를 비롯해 부산 출신들이 꽤 들어왔다."

그들끼리 서로 호칭할 때는 직책보다 "형" "○○야"라고 불렀다. 이 때문에 정권이 바뀔 때마다 청와대 안의 표준어가 바뀐다고들 했다. 영남 출신 대통령이면 경상도 사투리, 호남 출신이 대통령이면 전라도 사투리가 많이 들렸기 때문이다.

.

보은 인사의 사냥터 공공기관장 및 감사

문재인 정부는 임기 종료를 앞두고 후임 대통령이 정해진 상태에서 공공기관장 '알박기 인사'에 열중해 논란을 일으켰다.

윤석열 정부 출범 두 달 앞둔 시점(2022년 3월 중순)에 문재인 정부에서 임명된 공공기관장의 70%가량이 임기를 1년 넘게 남겨둔 것으로 파악된 바 있다. 상임기관장이 있는 349개 공공기관을 전수 조사한 결과, 그 시점에 기관장 임기가 1년 이상 남은 곳은 234곳으로 전체의 67%를 차지했다. 문재인 정부에서 선임된 공공기관장 3명 중 2명은 윤석열 정부 출범 이후에도 임기를 이어가는 셈이다. 이 중 기관장 임기가 2년 이상 남은 공공기관도 151곳으로 전체의 43%를 차지했다. 반면, 기관장 임기가 6개월 미만 남은 공공기관은 33개로 전체의 10%가 채 되지 않았다.

법상으로 공공기관의 기관장은 3년, 감사와 이사의 임기는 2년이다. 하지만 새 정부가 들어서면 각 부처의 장관들뿐만 아니라 부처 산하의 기관장들도 새롭게 임명해왔다. 초기 국정 운영의 동력을 극대화하기 위해서다.

이를 위해 정권교체기에 공공기관장이 일괄 사표를 내거나 우회적으로 사퇴를 종용하는 관행이 그간 있어왔다. 그런데 문재인 정부 초기에 노골적인 사퇴 종용이 논란거리로 등장하는 바람에 제동이 걸렸다. 이른바 '환경부 블랙리스트' 사건이다. 문재인 정부 초대 환경부 장관 김은경이 박근혜 정부에서 임명된 환경부 산하 공공기관 임원들에게 억지로 사표를 받아내고 후임에 코드가 맞는 인물을 배치한 사건이었다. 김은경은 대법원에서 유죄가 확정됐다.

환경부 블랙리스트 사건으로 임기가 남은 공공기관장을 여러 수단을 동원해 찍어내는 일이 사실상 불가능해졌다. 이 때문에 문재인의 사람들이 상당 기간 윤석열 정부 공공기관을 장악한 상태가 지속될 수밖에 없다.

과거 필자가 아는 민주당 사람은 어느 공공기관의 임원으로 들어갔는데, 임기가 끝나기 전 이명박 정부가 들어서면서 퇴진 압박을 받았다. 그 사람이 버티니, 새로 입성한 기관장은 수모를 줘서 스스로 물러나도록 하기 위해 그 임원의 자리를 직원들이 드나드는 출입문 앞에 배치했다. 하지만 그 사람은 출입문 앞의 자리로 출퇴근하며 2년을 버텼다. 아무런 일거리도 받지 않았음은 물론이다.

4장

비선실세:
허수아비가 된 장관

　청와대와 행정부의 공식 인사 라인 밖의 비선 실세는 요직 인사에 법에도 없는 권한만 행사할 뿐 책임은 지지 않는다. 인사 참사가 일어나면 책임은 그냥 '문서 정리'만 한 공조직이 떠안는다.

　우리나라처럼 대통령의 인사권이 어디까지 미치는지도 명확하지 않은 상황에선 비선이 뚫고 들어갈 틈새가 너무나 많다. 어차피 명확한 선을 그을 수 없을 만큼 광범위한 데다, 5년 임기 동안 끊임없이 반복되는 인사를 대통령이 일일이 점검할 순 없는 까닭이다.

　그걸 대신하는 조직이 청와대 인사참모진이다. 차관급인 인사수석을 정점으로 몇 명의 1급 비서관, 또 각 비서관 산하의 2급 이하 행정관들이 실무를 맡는다. 물론 그들도 무시할 수 없는 실권을 쥔다.

　워낙 청와대의 입김이 미치는 자리가 넓기 때문에 웬만한 보직은 청와대 실무 인사 라인에서 처리한다. 여기서도 참모 개인의 인맥이 작용하는 경우가 허다하다. MB 정부에서 실세 박영준과 인사 갈등을 빚었던 정두언은 언론 기고문에서 "MB 시절의 한 예를 들면, 당시 경제·금융 분야를 담당했던 이 모 행정관은 그 위세가 하늘을 찌를 정도여서 금융계의 황제로도 불렸다. 이런 실상을 바꿔 해석하면, 대통령이 전 정부의 인사권을 장악한다는 명목 아래 장관과 공기업의 장, 그리고 단체의 장이 행사해야 할 인사권을 빼앗아 일개 행정관들에게 안겨주는 결과를 초래한다는 것이다. 그리고 그 행정관들의 뒤에는 보통 최순실이나 '형님'과 같은 비선 실세들이 도사리고 있었다"고 쓴 바 있다.

필자가 주목하는 부분은 '최순실'이나 '형님'(이상득)류의 비선 실세들이다. 이들의 인사 청탁을 실무적으로 처리해주는 청와대의 공식 인사팀은 정두언이 든 사례처럼 호가호위하는 경우도 있지만 극히 일부분이다. 나머지는 묵묵히 맡은 업무를 수행한다. 문제는 비선이 개입한 인사가 논란이 일어나면 청와대 인사팀이 옷을 벗거나(어공) 원래 있던 부처로 복귀(늘공)해야 한다는 점이다.

비선 행세를 하면서 대통령 인사에 개입했던 인물들은 거의 모두 나중에 검찰 수사를 받고 구속됐다. 하지만 모두 뇌물이나 횡령 같은 돈 문제이지 '인사에 개입한 혐의'는 없다. 공직자라면 직권남용이나 배임 같은 죄목을 걸 수도 있지만 비선은 말 그대로 공적 인물이 아닌 경우가 많다.

대통령의 권력은 밑의 여러 사람에게 나눠줄수록 오히려 커지는 속성이 있다. 특히 인사 권한이 그렇다. 혼자서 움켜쥐고 있으면 오히려 작아져버린다. 어차피 대통령중심제에서 보장된 권력이 광범위해서 어디까지인지를 놓고 의견이 분분할 정도인데, 그걸 한 사람이 다 행사할 수는 없는 까닭이다.

그래서 나눠줄수록 커지는 현상이 생긴다. 각 부처 장관에게 권한을 부여하면 장관이 이를 적절하게 활용한다. 각 부처의 간부들을 적재적소에 가장 잘 배치할 수 있는 사람은 장관이다. 그렇게 장관에게 권한을 부여하면 정점에 있는 대통령의 권한도 당연히 확대된다. 다만 장관들에게 권한 행사에 대한 책임을 무겁게 지워서 남용하지 않도록 감독할 필요가 있다.

5장

직권남용:
사기업에 닿는 청와대 입김

대통령과 청와대 인사참모들의 입김은 고위공직자뿐 아니라 사기업 인사에도 간접적인 영향을 미친다. 가장 최근 사례는 문재인 정부 전반부에 논란이 됐던 전 기획재정부 사무관 신재민의 폭로다.

신재민은 2018년 연말 청와대가 기재부를 통해 민간기업 KT&G와 서울신문 인사에 개입했다고 주장했다. 구체적으론 청와대가 KT&G 사장을 바꾸라는 지시를 내렸고, 서울신문 사장 인선에도 개입했음을 자신의 윗선인 기재부 2차관 김용진을 통해 들었다고 했다. 김용진은 신재민에게 "청와대가 지시한 것 중에서 KT&G는 잘되지 않았지만 서울신문 사장 건은 잘해야 할 것"이란 이야기를 했다고 한다.

그 무렵 언론에선 기재부가 KT&G 지분이 있는 IBK기업은행(6.93%)을 동원해 KT&G 사장 백복인의 연임을 막으려 한 정황이 담긴 문건을 공개했다. 해당 문건은 기재부 차관까지 보고됐다고 하는데, 여기서 한 발 더 나아가 청와대 뜻에 따라 차관이 인사 개입을 지시했다는 증언이 나온 셈이다.

신재민은 자신이 언론보도 제보자라고도 밝혔다. 기재부 서울청사의 차관 부속실에 관련 문건이 있어서 언론에 제보했다는 설명이었다.

서울신문 사장 고광헌의 경우 선임 과정에서 벌써 '청와대 인사'라는 지적이 나왔다. 고광헌 본인도 사장 선임을 위한 경영 비전 공개 청취회에서 "청와대 관계자로부터 공모 마감 며칠 남겨놓고 (서울신문 사장직을) 제안받았다. 급하게 경영계획서를 만들었다"고 밝힌 바 있다.

당시 서울신문 주요 주주는 기획재정부(33.86%), 우리사주조합(32.01%), 포스코(21.55%), KBS(8.98%) 등이었다. 정부가 1대 주주라는 점에서 서울신문 사장 인선은 청와대 입김에서 자유로울 수 없었다.

고광헌과 접촉한 청와대 참모는 행정관급이었다고 한다. 인사 개입이 사실이라면 별정직 3급 정도의 직위에 있는 인물이 중앙 일간신문의 사장 인선을 주무른 셈이다. 물론 당시 청와대는 "신재민 발언의 신뢰성을 의심하지 않을 수 없다. 매우 유감스럽다"며 부인했다.

그러나 역대 정부에서 청와대가 사기업 인사에 개입하는 일은 비일비재했다. 앞서 언급했듯 김영삼 정부 때는 비선 라인(김현철)이 언론사

인사에 개입한 녹취록이 공개되기도 했다.

새 정부가 출범하면 논공행상 과정에서 미처 자리를 차지하지 못한 사람들이 생긴다. 이들은 '대기표'라고 불러도 좋을 약속을 정권 핵심 인사에게서 받는다. 임기가 만료된 공기업이나 정부산하기관에 자리가 나면 바로 부르겠다는 언질을 받는다. 그러나 자리 순환이 여의치 않아 '순번'이 오지 않으면 '대기표'를 받은 개국 공신들은 재촉을 한다. 이때 정권 핵심에선 공공기관이 자리가 없으면 사기업으로 눈을 돌린다. 그중에서도 KT&G처럼 과거 공기업이었다가 사기업으로 전환된 곳, 오너의 경영 실패로 국책은행의 관리를 받는 곳이 만만하다.

대선 선거운동에 참여했던 어느 정치권 사람은 "정권 창출 후 청와대 인사 라인에 이력서 등 서류를 넣고 대기 순번을 기다리고 있는데 아무 소식도 없더라. 그래서 재촉했더니 생전 처음 들어보는 기업체를 알선해주더라"고 했다.

이런 형태는 대통령 주변의 과도한 인사권 행사가 낳는 부작용이다. 사기업 입장에서도 청와대와 줄이 닿는 사람이 조직을 지휘하면 정책 결정 과정에서 청와대 눈치를 보고, 권력층의 입김이 조직 전반에 영향을 미친다.

이처럼 청와대의 인사 개입은 정부 부처에 그치지 않고 각 부처의 산하기관, 공기업, 단체는 물론 사기업에까지 미친다. '최순실 게이트' 당시 경제수석 안종범의 압수된 문자 메시지 내용엔 친박 국회의원들이 별의별 조직의 인사 청탁을 주고받는 내용이 줄줄이 나온다. 그중에서도 심각한 건 포스코, KT, KT&G와 오너 없는 민간기업에 영향력을 행사하는 무소불위의 인사 파워였다.

4부

차기 정권에는 누가
국가의 주역이 될까?

1장

선거철은
취업철?

대통령의 인사권 행사에서 가장 중요한 것은 새 정부가 출범할 때 내각을 완전히 새로 짜는 조각과 청와대 참모진 구성을 어떻게 하느냐다. 대통령직인수위 단계에서 당선자와 참모들이 숙고를 거듭해 최고의 라인업을 꾸려야 한다.

여러 권력기관과 사법부, 공공기관 등의 인적 배치도 중요하지만 일단 내각과 대통령비서실 진용을 제대로 갖추면 파생 효과로 좋은 인재를 가장 알맞은 곳에 인선할 수 있다. 또 대법원장과 검찰총장처럼 임기가 남아 있는 기관장도 많기에 조각과 참모진을 인선하고 한숨 돌린 후 천천히 물갈이에 나서면 된다.

문제는 역대 모든 정부에서 첫 인적 구성부터 과욕을 부려 충분한 검증 없이 요직에 사람을 앉히는 바람에 인사 사고가 일어났다는 점이다. 특히 대선 승리에 따른 논공행상이 늘 화근이었다. 대권을 창출한 공신이 한 라인만 있는 것이 아닌 만큼 이너서클 사이에 자기 사람을 꽂기 위해 치열한 권력 암투가 벌어졌다.

결국 모두가 상처를 입을 수밖에 없었고 부담은 고스란히 대통령의 몫으로 돌아왔다. 대통령 인사권 행사의 첫 단추를 잘못 끼우는 바람에 국정 운영 자체가 임기 내내 삐걱거린 사례는 수없이 많다.

초기 인사 실패의 되풀이를 방지하기 위해선 논공행상을 최소화하고 전문가를 발탁하는 시스템을 만들어야 한다.

논공행상과 전문가 발탁, '어공'과 '늘공'의 조화

일반적으로 새롭게 들어서는 정부는 조각을 하기 전에 인수위 단계에서 정책 분과별로 토론회를 연다. 여기엔 각 분야의 전문가들이 대거 참여하는데, 곧 취임할 당선자 입장에선 인재를 자세히 살펴볼 수 있는 기회다.

향후 국정 운영을 위한 전문 지식을 듣는 한편, 요직 인선 대상자를 발굴하는 두 가지 효과를 얻는 셈이다. 실제로 인수위 분과별 토론회에 참석했던 전문가가 그 정권에서 장관이 된 사례가 더러 있다. 이런 관례를 잘 활용하면 논공행상과 전문가 발탁의 조화를 이룰 수 있다.

선거캠프에서 청와대로, 혹은 정부 부처나 공공기관으로 투입되는 '어공'의 문제는 공직사회에 너무 많이 진출해 '늘공'의 밥그릇을 빼앗는 데 있다.

어공의 대다수는 특정한 전문성이나 행정 경험이 없다. 그들을 단순히 '자리 주기' 차원에서 국정을 실제로 운영하는 공적 조직에 투입하면 늘공과 부딪칠 수밖에 없다. 정권 초기엔 늘공이 어공의 기세에 눌리지만 시간이 흐를수록 현장 실무 능력으로 깔아뭉갠다.

물론 어공으로 공직사회에 진출했다가 적성에 맞고 실력을 인정받아 그대로 눌러앉아 늘공으로 변신한 사례도 있다. 김대중 정부가 출범하면서 행정 부처로 갔던 당 출신과 공기업에 진출했던 언론인 출신이 정권이 바뀐 후에도 해당 기관에 남아 꽤 높은 자리로 올라갔다.

반면, 진보정권인 김대중 정부에서 논공행상을 통해 공기업의 감사로 갔다가 임기를 마치고 나온 인물이 보수정권인 이명박 정부에서 다른 공기업의 감사 자리를 또 얻은 경우도 있다.

여의도 정가엔 이념이나 노선이 아닌 자신의 이익을 좇아서 캠프를 왔다 갔다 하는 정치 낭인들이 의외로 많다. '생계형 정치인'인 셈인데, 그들에게 선거철은 곧 취업철이다.

대통령 인사권 범위의 명문화: '한국판 플럼북'

대통령의 인사권 범위를 명문화하는 작업은 더 이상 미룰 수 없다. '한국판 플럼북(Plum Book)'을 만들어야 한다는 목소리가 부쩍 커진 이유다.

미국은 대선이 끝나면 곧바로 『정부 정책 및 지원 직위 명부록』 즉

『플럼북』을 발행한다. 국가 주요 직위 명부록인 셈이다. 상원의 국토안보·정부업무위원회와 하원의 감독·개혁위원회가 4년마다 번갈아가며 만든다. '플럼북'이라는 명칭은 책의 겉표지가 자두색이어서 붙게 된 이름이다.

『플럼북』에는 연방정부 고위공무원 이상부터 장·차관급까지 주요 직위 9천 개 안팎의 명칭, 현직자, 임명 형태, 보수 등급, 직급, 임기 여부, 임기 만료일 등에 관한 정보를 담고 있다. 이를 바탕으로 새 정부는 초기 인사 계획을 수립한다.

우리나라에서도 '한국판 플럼북'을 발행한 사례가 있다. 노무현 정부 때 중앙인사위원회가 청와대 인사수석실 등과의 협의를 통해 『국가주요직위 명부록』을 펴냈다. 여기엔 주요 직위의 명칭, 현직자, 직급, 임용 일자, 직전 직위 등을 담았다. 또 기관별 주요 기능과 조직 현황, 부서별 주요 업무도 적시했다.

2003년판 『명부록』엔 각 기관의 과장급 서기관 이상에 해당하는 9,088명이 수록돼 있다. 이 중엔 헌법재판소를 포함한 사법부 281명, 입법부 246명, 지방자치단체 2,678명이 포함됐다.

노무현 정부 사례를 참고해 문재인 정부 시절 인사혁신처도 『주요 직위 명부록』을 공개 발행했다. 여기엔 47개 행정부 기관의 본부 서기관급 이상 7,800여 명의 직위 명칭, 현직자, 직급, 담당 업무, 전화번호가 수록됐다. 기관별 주요 기능, 조직 현황 등도 포함됐다. 그 무렵 기획예산처 주관으로 『정부산하기관 경영평가편람』을 펴냈는데, 그 덕분에 공공기관 인사 절차와 현황이 어느 정도 파악됐다.

이명박 정부에선 국정운영백서 안에 '인사' 분야를 처음 포함하면서 대통령의 인사권 행사가 어느 분야에 미칠 수 있는지를 일목요연하게 정리했다.

문제는 정권이 바뀌면 전임 정권 때 비축한 무형의 노하우나 인사 자료가 제대로 인수인계되지 않는다는 점이다. 보수에서 진보로, 진보에서 보수로 바뀔 때면 더욱 그렇다. 정권 이양 과정에서 신·구정권이 머리를 맞대면 대통령의 인사권 행사 범위도 정확히 규정할 수 있다.

청와대 주도형 인사 시스템 개선

정권마다 되풀이되는 논공행상과 보은 인사의 고리를 끊기 위해선 청와대가 주도하는 인사 시스템 자체를 바꿔야 한다는 의견은 학계를 중심으로 지속적으로 제기됐다.

구체적으로는 청와대 인사수석실이 독점한 추천 기능, 민정수석실이 행사하는 검증 기능을 제3의 독립기구로 넘기자는 요구가 많았다. 예를 들어 '국가인재위원회'(가칭) 같은 독립기구를 설치해 인사 추천과 검증 기능을 부여하는 방안이다.

여기다 역대 정부마다 한 번씩은 제기됐던 '인사 실명제'도 구체적으로 검토할 필요가 있다. 인사 추천은 누가 했고, 어느 기관에서 검증했는지를 기록해뒀다가 나중에 평가하는 제도다.

국회 인사청문회 제도 개선

국회 인사청문회도 정부 차원에서 재검토해야 한다는 의견이 많다.

> **| 국회 인사청문회 흐름도 |**
>
> 대통령이 국회의장에게 인사청문 요청안 제출 → 국회의장이 소관 인사
> 청문위원회(청문특위, 해당 상임위)로 송부 → 위원회는 회부된 날부터
> 15일 이내 인사청문 마침 → 본회의 보고(휴·폐회 중에는 생략) → 국회의
> 장이 대통령에게 인사청문 결과보고서 송부

미국은 의회 청문회 전 사전 검증을 거친다. FBI가 백악관의 지휘를
받는 공직자윤리국(OGE), 국세청(IRS) 등과 함께 2~3개월간 후보자의
경력, 재산, 음주 운전, 가족 배경, 가정생활, 이성 관계 등을 샅샅이 검
증한다. 문제가 있는 후보들은 이 과정에서 걸러져 청문회에선 정책 능
력 검증에 집중할 수 있다.

한국은 청와대가 경찰, 국가정보원 등이 수집한 인사 정보(존안자료)
를 활용해 단기간 사전 검증을 진행한다. 역대 정권 성향에 따라 활용
하는 기관도 제각각이었다.

이명박 정부는 2009년 검찰총장 후보자 천성관이 '스폰서 검사' 논
란으로 낙마하자 경찰이 수집한 인사 정보를 검증에 적극 활용했다. 박

근혜 정부는 2014년 말 '정윤회 문건 파문'을 계기로 경찰 정보를 배제하고 주로 국정원의 이른바 '존안 파일'을 활용하면서 검찰로부터 일부 자료를 받았다. 문재인 정부에선 국정원의 국내 정보 수집 업무를 폐지하면서 정보 경찰이 수집한 인사 자료를 전면 활용했다.

미국의 경우 상원 인준이 필요한 자리가 1,750개, 연방 공직자 중 의회의 인사청문 대상이 7,800여 명이다. 그럼에도 인사청문 미통과율은 2% 미만이다. 이유는 인사청문 과정 전에 의회와 백악관을 포함한 관련 기관 간의 사전 협의와 조율이 있기 때문이다.

그런데 연방헌법에 근거를 두는 미국과 달리 우리나라는 대통령의 인사권에 국회가 인사청문회를 통해 개입함으로써 제동을 건다. 이런 진행 방식에 대해서는 위헌 소지가 있다는 주장도 나온다. 이 때문에 장관급 직위 등은 청문 결과에 관계없이 임명할 수 있도록 돼 있지만, 국회의 인사청문으로 대통령의 국정 운영에 많은 부담이 생기고 있는 것이 현실이다.

이명박 정부 백서에선 다음과 같이 대안을 제시한다.

"국회가 국무위원 등 주요 국가 기관장이 되어서는 안 될 기준(예컨대 그간 인사청문회에서 지적된 병역의무 불이행, 위장전입자, 세금포탈자 등)을 법률로 정하고, 대통령은 그 기준에 따라 적임자를 찾아 임명하면 '견제와 균형' 원칙에도 맞고 청문회에 따른 국력 낭비와 국격 손상도 줄일 수 있을 것이다.

> 그러나 아무리 기준을 엄격히 정한다 하더라도 도덕성 검증은 일정한 한계를 지닐 수밖에 없다. 본인이 아니면 알 수 없는 사적 영역에 대하여 깊이 조사하는 일이 결코 쉽지 않기 때문이다. 본인이 감추고 싶은 부분까지 파악하여야 되지만 현실적으로 어려운 일이며, 무리하게 검증하면 개인의 프라이버시를 침해하게 되어 차라리 공직을 맡지 않겠다고 사양할 수 있으므로 바람직스러운 일도 아니다."

우리나라의 국회 인사청문회는 도덕성 검증에 지나치게 몰입하는 것과 함께 검증 과정의 비전문성과 비체계성이 문제점으로 지적된다. 청와대와 국회, 여야 정당 간 인사청문을 위한 사전 협력 과정도 찾을 수 없다.

김대중 정부가 도입하고 노무현 정부에서 확대한 국회 인사청문회 제도를 같은 진보정권인 문재인 정부가 무용지물로 만들었다는 설명은 앞에서 했다. 인사청문회 자체의 허술함이 있지만, 그렇다면 제도를 바꿔야지 그걸 그대로 놔두고 무시해선 안 된다.

문재인 정부에서 국회의 인사청문동의서를 받지 못했음에도 임명을 강행한 사례가 이전 두 정부(박근혜·이명박)를 합친 것과 비슷하다. 문재인 대통령도 임기 초반엔 민심이 좋지 않으면 주로 자진 사퇴 형식으로 인사를 철회했다. 하지만 후반으로 갈수록 국회의 '부적격' 판정에 별 신경을 쓰지 않았다. 그 바람에 문재인 정부 임기 동안 끊임없이 인사와 관련한 논란이 일어났음에도 고위 공직 후보자가 낙마한 사례는 이전 다른 정부에 비해 많지 않다.

다음은 인사청문회 제도 도입 이후 공직자 낙마 주요 사례와 의혹이다. 직책은 '후보자' '내정자' 신분이 포함됐다. 인사청문회 대상은 아니지만 대통령이 임명 절차를 밟는 단계에서 언론이나 야당의 검증에 걸려 낙마한 사례도 일부 들어갔다.

│ 국회 인사청문회 제도 도입 이후 낙마한 고위공직자들 │

▶ 김대중 정부(2명·임기 초반엔 인사청문회 없었음. 장관급은 인사청문회 대상 아님)

장대환 국무총리: 부동산투기, 자녀 위장전입, 회사 예금담보대출

장상 국무총리: 부동산투기, 자녀 국적 포기, 건강보험 변칙 수혜

▶ 노무현 정부(6명·임기 중 장관급까지 인사청문회 대상에 포함)

강동석 건설교통부 장관: 부동산투기, 위장전입

김병준 교육부총리: 논문 표절, 비전문가 코드인사

윤성식 감사원장: 노무현 캠프 출신으로 감사원 독립성 논란

이기준 교육부총리: 세금탈루. 아들 병역면탈

이헌재 경제부총리: 부동산투기, 위장전입

전효숙 헌법재판소장: 자격 법률 위반 소지

▶ 이명박 정부(12명)

김병화 대법관: 세금탈루, 위장전입, 아들 병역면탈

김태호 국무총리: 재산 축소 신고, 박연차 게이트 연루 의혹, 거짓 해명

남주홍 통일부 장관: 부동산투기, 자녀 이중국적, 논문 건수 허위신고

박미석 청와대 사회정책수석: 논문 표절, 농지 투기

박은경 환경부 장관: 부동산투기, 위장전입

신재민 문화체육관광부 장관: 부동산투기, 위장전입, 부인 위장취업

이봉화 보건복지부 차관: 쌀 직불금 부당 수령

이재훈 지식경제부 장관: 부동산투기, 지위 남용(제자 논문대필)

이춘호 여성부 장관: 부동산투기, 재산 축소 신고

정동기 감사원장: 부동산투기, 전관예우 고액 수임

조용한 헌법재판관: 위장전입, 부적절한 발언

천성관 검찰총장: 부동산투기, 거짓 해명

▶ 박근혜 정부(10명)

김명수 교육부 장관: 논문 표절, 연구비 부당 유용

김병관 국방부 장관: 부동산투기, 무기상 고문 재직

김용준 국무총리: 부동산투기, 편법증여, 아들 병역면탈

김종훈 미래창조과학부 장관: 미국 국적, CIA 자문위원 활동

문창극 국무총리: 전직 대통령 비하, 식민 지배 관련 발언

안대희 국무총리: 전관예우 고액 수임, 아파트 거래가 변칙 신고

이동흡 헌법재판소장: 부동산투기, 위장전입, 증여세 탈루

정성근 문화체육관광부 장관: 음주 운전, 자녀 영주권 취득

한만수 공정거래위원장: 자기 논문 표절, 대기업 변호 로펌 출신

황철주 중소기업청장: 소유주식 백지신탁

▶ 문재인 정부(9명)

김기식 금융감독원장: 외유성 해외 출장, 셀프 후원

김이수 헌법재판소장 후보자: 야당 반대로 인준안 부결

박성진 중소벤처기업부 장관: 창조과학 및 뉴라이트 역사관

박준영 해양수산부 장관: 부인 도자기 반입 등

안경환 법무부 장관: 여성 비하 발언, 허위 혼인신고

이유정 헌법재판관: 미공개정보로 주식투자

조대엽 고용노동부 장관: 음주 운전, 임금 체불

조동호 과학기술정보통신부 장관: 해외 부실 학회 참석

최정호 국토교통부 장관: 다주택자, 편법증여

    결국 대통령 인사권의 오·남용을 어떻게 막을지가 관건이다. 제도와 관행이 동시에 개선돼야 가능한 일이다. 제도는 '대통령실'(윤석열 정부의 명칭) 안의 인사 추천과 검증 시스템을 전면 재점검할 필요가 있다. 관행은 인식 변화가 중요하다. 대통령 주변의 인사권 사유화를 막기 위

해 '인사 실명제' 도입 같은 특단의 조치도 필요하다.

대통령 임기 5년을 놓고 보면, 초기에는 현실적으로 일정 부분 논공행상이 불가피하다. 대신 무차별적인 자리다툼을 통제하는 한시 기구를 만들 수도 있다. 임기 중반엔 적재적소 원칙을 더욱 지키면서 물갈이를 통해 '어공'을 내보내고 '늘공' 비율을 올려야 한다. 정권 말기 마무리는 극히 일부 정무 파트를 제외하고 '늘공'에 맡겨야 한다. 그래야 다음 정권으로의 인수인계도 원활해진다.

2장

민정수석 폐지,
윤석열 정권의 인사 실험은 성공할까?

윤석열 정부에선 대통령의 인사권 행사 시스템에 많은 변화가 생긴다. 정부 고위직 인사의 두 축인 인사 추천과 인사 검증 기능을 담당하는 대통령실 부서에 변화가 생겼기 때문이다.

윤석열 정부의 대통령 인사 시스템 롤모델은 백악관

청와대를 떠난 윤석열 정부는 '대통령비서실' 직제를 아예 없애고 '대통령실' 개념을 사용한다. '대통령실'은 이명박 정부에서 '대통령비서실' 대신 사용했던 명칭이기도 하다. 윤석열 정부 대통령실은 공간 배치, 참모 진용, 인사 시스템 모두 백악관을 모델로 삼는다.

기본적으론 내각 각료를 대통령 참모로 두고. 수시로 직보받는 개방형 조직을 추구한다. 그동안은 장관이 차관급인 수석에게 '보고'하고 수석이 대통령에게 직보하는 체제였다. 이를 위해 수석보좌관 제도에 도 변화를 줬다. 신설하는 민관합동위원회는 정부 파견 공무원과 민간 전문가가 한데 모여 큰 틀의 국정 의제를 제시하는 역할을 맡는다. 결 국 민관합동위원회의 어젠다 생산 → 대통령실의 정무적 조율 → 각 부 처의 구체적 실행 단계를 밟게 된다.

윤석열 정부의 인사 검증은 미국 FBI(연방수사국) 모델에 가깝다. 미 국에서는 FBI가 기본적 도덕성 검증으로 부적격자를 미리 걸러낸다. FBI는 이 과정에서 '국가안보 직위용 질문지'(SF-86)를 후보자에게 보 내 그 답변을 중심으로 검증한다. SF-86은 A4 용지 133쪽 분량에 29개 항목으로, 우리나라 '자기 검증서'보다 구체적이다. 기본 사항 외에 미 국 특성상 테러, 마약 관련 문항도 포함돼 있다. 답변해야 할 기간은 항 목에 따라 '7년 이내' '10년 이내' '전 생애'로 구분된다.

FBI의 검증 기간은 보통 45~60일 이내 완료가 목표지만 고위공직자 는 6~9개월까지 걸리기도 한다. 일부 항목은 후보자를 직접 만나 불명 확한 부분을 묻고 이에 대한 자세한 소명을 요구한다. 조사를 거부하면 인사 검증 자체가 중단된다. 또 후보자 지인, 최근 10년 이내 이혼한 배우 자, 주변 이웃도 인터뷰한다.

우리나라의 공직 후보자 사전 질문서는 공식 문서가 아니므로 법적 근거가 없다. 반면 미국의 사전 질문서는 연방법과 행정명령에 따른 정 부 공식 문서다. FBI에 거짓으로 답변하거나 사실을 은폐했을 때는 미국 형법에 따른 중범죄로 분류돼 벌금과 최대 5년 징역형을 선고받는다.

우리나라는 '답변 내용이 사실과 다른 것으로 확인될 경우 이에 따르는 책임과 함께 향후 공직 임용에서 배제되는 등의 불이익도 받을 수 있다'는 경고 문구만 자기 검증서에 있다.

윤석열 정부, 인사 추천과 검증 사이에 치는 칸막이

사실 윤석열 정부가 미국 FBI의 모델을 채택해서 인사 검증 기능을 외부 기관에 맡긴다고 해도 큰 틀에선 역대 정부와 차별성을 보이기 어렵다. 그동안 청와대 민정수석실이 인사 검증 컨트롤타워 역할을 했지만 정보수집과 현장검증 등 실무는 법무부, 경찰, 국정원 및 해당 기관에서 민정수석실에 파견됐던 인물들이 담당했기 때문이다.

그럼에도 의미가 있는 건 인사 추천과 검증 파트 사이에 칸막이를 쳐서 완벽하게 분리하겠다는 원칙 때문이다. 과거 청와대 안의 다른 부서에서 추천과 검증이 이뤄질 때는 인사 라인과 민정 라인에 다 같이 영향력을 행사할 수 있는 실세가 나서면 분리 원칙은 무용지물이 됐다.

이를 막기 위해 검증을 '외주화'하면 정치권이나 비선의 개입을 차단할 수 있다. 인사 추천과 검증팀이 각각 별도의 장소에서 근무해 서로 누가 근무하는지, 몇 명이 일하는지도 모르는 상태가 되면 가능하다.

인사권 행사 범위 명료화 과제

윤석열 정부에게도 가장 시급한 과제는 대통령의 인사권 행사 범위를 명확하게 설정하는 일이다. 그동안 대통령 인사권이 오·남용되는 데는 한계가 불분명했던 점도 이유가 되기 때문이다.

앞서 설명한 미국의『플럼북』과 한국의『국가주요직위 명부록』의 핵심적인 차이는 '연속성' 여부다.『플럼북』은 상·하원의 상임위원회가 4년마다 공개 발행한다. 반면『국가주요직위 명부록』은 정권에 따라 안 만들어도 그만이다.

윤석열 정부는 과거 정부가 만든『국가주요직위 명부록』성격의 자료들을 총체적으로 검토해 대통령 인사권 범위를 설정하는 작업을 벌이고 이를 제도로 만들어 후임 정부도 이어받도록 할 필요가 있다.

3장
차기 정부의
핵심 리크루팅 대상은 누구?

윤석열 용인술의 키워드는 '전문가' '실용' '신뢰'로 좁혀진다. 검찰에 몸담았던 시절의 인사, 대선캠프 진용 구축, 대통령인수위 인선에서 공통적으로 발견된 특색들이다.

검찰 재직 시에 '윤석열 사단'이 형성됐는데, 이는 특정 학맥이나 인맥이 아니라 실력을 위주로 후배 검사들을 발탁한 데 따른 현상이었다. 이 과정에서 한번 자기 사람이라고 믿으면 끝까지 신뢰를 보냈다고 한다. 대검 중수부나 서울중앙지검에서 진행한 각종 특수 수사에서 호흡을 맞춘 후배들이 그의 주변에 모여들었다. 윤석열 당선인은 이들에게 '형님 리더십'을 발휘했다.

정치에 입문해서도 마찬가지다. 핵심 측근으로 부상한 당선인 비서실장 장제원은 초기에 국민의힘 대표 이준석으로부터 '윤핵관'(윤석열 후보 핵심 관계자)으로 몰리며 비토당했다. 그러나 윤석열 당선인은 아들의 음주 사고까지 겹친 장제원을 끝까지 감쌌다. 안철수 국민의당 후보와의 단일화 협상에 전권을 부여해 내보냈고, 당선 후 보란 듯 비서실장에 앉혔다.

물론 대통령의 용인술은 이보다 훨씬 복잡한 고차원이어야 한다. 여러 사정들을 감안할 때 윤석열 정부에선 전문가와 관료 집단이 국정 각 분야 곳곳에 포진할 것으로 예상된다. 대통령의 인사권이 미치는 범위가 1만 개 이상으로 추산될 만큼 상당히 넓지만 윤석열 당선인의 정치 인맥은 역대 대통령들과 비할 바가 못 되기 때문이다.

이전 대통령들은 '친문' '친박' '친이' '친노' '동교동' '상도동' 같은 정치 인맥이 에워싸고 있었다. 오랫동안 정치를 하면서 알게 모르게 신세 지는 사람도 무척 많았다. 또 지역적으로도 부산·경남＋호남(문재인·노무현), 대구·경북(박근혜·이명박) 호남＋충청(DJP)처럼 뚜렷한 기반이 있었다.

이 말은 집권 후 챙겨줘야 할 사람이 그만큼 많았다는 의미다. 실제로 역대 정부에선 자리를 기다리는 사람이 넘쳐서 논공행상이 한 번에 끝나지 못하는 바람에 '대기 순번'이 생기곤 했다. 특히 대선 때 외곽에서 사조직을 운영했던 실세들은 자기가 만든 캠프에서 활동한 사람을 챙기기 위해 인사 전쟁까지 불사했다.

이 경우 정치권 언저리에 있던 인물들이 대거 공직에 진출하면서 '어공' 집단을 형성하므로 관료의 등용은 최소화되고, 전문가는 비집고 들어갈 틈이 거의 없었다. 정부 요직 인사 때마다 '전문성' 시비가 끊이지 않는 이유다.

반면, 정치에 입문한 지 1년이 채 되지 않아서 정권을 잡은 윤석열 당선인은 꼭 자리를 챙겨줘야 할 정도로 마음의 빚이 있는 사람이 거의 없다. 지역적 기반도 없기는 마찬가지다. 공직 수요는 넉넉한데 오히려 공급이 부족한 상황이다. 따라서 관료와 전문가 집단의 윤석열 정부 진입이 한결 수월해졌다. 윤석열 당선인이 인재를 발탁하면서 "능력만 본다"고 자신 있게 말하는 이유다. 이는 윤석열 정부 대통령인수위 구성만 봐도 알 수 있다.

인수위원장에 국민의당 대표 안철수, 부위원장에 국민의힘 의원 권영세, 기획위원장에 전 제주지사 원희룡이 임명됐는데 셋 다 서울대 출신이다. 윤석열 당선인을 포함하면 윗선 4명 중 3명이 서울대 법대, 한 명이 의대(안철수) 졸업자다.

후속 인수위 인사에도 서울대 법대 출신이 다수 포진했다. 대통령취임식준비위원장 박주선(68학번), 경제1분과 간사 최상목(82학번), 정무사법행정분과 위원 유상범(84학번), 수석부대변인 최지현(96학번) 등이다. 앞서 대선캠프도 마찬가지였다. 권영세와 원희룡이 각각 선거대책본부장, 정책본부장으로 '투 톱'이었다. 클린선거전략본부장 김재원, 상임대외협력특보 석동현, 법률지원단장 유상범, 네거티브검증단장 정점식, 이재명 비리 국민검증특별위원장 김진태 등도 서울법대 동문들이다.

법정 인원인 인수위원 24명만 놓고 보면 서울대 출신이 13명으로 절반이 넘는 압도적 비율이다. 고려대와 연세대 출신은 각각 2명에 그쳤다. 직업별로 보면 현직 교수가 11명으로 가장 많다. 전문성을 살린 인선인 셈이다. 특히 경제와 외교 안보 분야에서 학자와 관료 출신의 약진이 두드러졌다.

물론 이런 인적 구성엔 '엘리트주의'로 흐른다는 비판도 나왔다. 서울 법대 출신 검찰을 중심으로 한 법조인 전성시대가 도래함으로써 다양성이 부족해질 것이란 지적이었다. 실제 인수위원 중 여성은 4명에 그쳤고, 2030세대는 아예 포함되지 않았다. 평균 연령이 57.6세여서 '서오남'(서울대를 나온 오십대 남성)이란 말이 나왔다.

그러나 윤석열 당선인은 "국민을 제대로 모시기 위해선 각 분야의 최고 경륜, 실력 있는 사람을 모셔야 한다. 자리 나눠 먹기식으론 국민통합이 안 된다"며 '마이웨이 인사'를 선언했다. 따라서 인수위원 중 상당수가 윤석열 정부에서 장관이나 대통령실 핵심 참모로 발탁될 인재풀이 될 전망이다. 앞으로 차츰 확장될 인재풀에도 인수위원 그룹처럼 엘리트가 대거 포진할 가능성이 높다.

심지어 윤석열 당선인의 실용인사는 필요할 경우 문재인 정부에서 활동했던 사람들도 기용하는 형태로 나타날 수 있다. 윤석열 정부는 전임 정부 정책 중 폐기할 정책, 수정할 정책, 계속 추진할 정책을 분류하는 작업을 마무리했다. 가령 탈탄소나 저소득층 복지정책 등은 계승하기로 했는데, 이 분야에서 성과를 낸 전문가는 윤석열 정부에서도 '고용승계'될 가능성이 높은 셈이다.

다만 윤석열 정부가 지향하는 '능력' '실용' '국익' 우선 인사가 집권자의 의지대로 쭉 진행될지는 미지수다. 국정을 운영하다 보면 정치적 환경에 의해 '탕평' '지역 안배' '사회적 약자 배려' 인사 요구가 빗발칠 때가 많은 까닭이다. 그것이 '인사정치'다.

한편 윤석열 정부 인사에선 당분간 '안철수 몫'이 따로 분류될 수 있다. 대선 과정에서 윤석열-안철수 후보가 '공동정부' 구성을 약속하고 야권후보 단일화를 성사시켰기 때문이다. 실제로 인수위원 24명 가운데 '안철수 몫' 위원은 3분의 1인 8명으로 집계됐다.

향후 행정기관, 공공기관 구성 때 2대 1의 원칙이 지켜질 걸로는 보이지 않지만 당분간 윤석열 정부 인사에서 안철수의 입김은 상당한 변수가 될 수밖에 없다. 이 경우 국민의힘 소속으로 윤석열 정부 탄생에 공을 세웠던 실세들과 인사 충돌이 벌어질 가능성도 배제하기 어렵다.

5부

한국 현대사를 바꾼
대통령의 인사
하이라이트 10장면

대통령의 단 한 번 인사권 행사로 나라의 운명이 뒤바뀐 크고 작은 사례는 무수히 많다. 잘된 인사는 국민을 풍요롭게 하고 대통령 본인에게도 치적이 됐다. 잘못된 인사는 국민을 수렁에 빠뜨리고 대통령 본인에게는 실정으로 기록됐다. 심지어 판단 착오로 사람을 잘못 발탁해 정적으로 키우거나 대통령 자신까지 목숨을 잃는 경우도 있었다. 5부에서는 이처럼 대통령의 인사가 한국 현대사에 커다란 영향을 미친 경우를 소개한다.

1장

박정희의 김정렴 발탁:
산업화 시대 개막

　박정희 대통령 재임 16년 동안 우리나라는 '한강의 기적'으로 불릴 정도로 급속한 경제성장을 통해 선진국 진입의 발판을 마련했다. 한국 경제가 도약할 수 있었던 배경에는 박정희 대통령이 발탁한 청와대 비서실장 김정렴이 결정적인 역할을 했다.

　2020년 4월 별세한 김정렴은 5·16 군사정변 직후인 1962년 재무부(현 기획재정부) 차관으로 발탁되면서 박정희 대통령과 인연을 맺었다. 1964년 상공부(현 산업통상자원부) 차관을 지내면서 한일회담 등에 참여했고, 1966년 재무부 장관, 1967년 상공부 장관을 역임했다. 이후 1969년 10월부터 1978년 12월까지 역대 최장수인 9년 3개월간 대통령비서실장을 맡아 경제정책의 컨트롤타워를 자임하며 고도성장의 산파 역할을 했다.

　박정희 대통령이 김정렴을 중용한 이유는 오로지 '경제'때문이었다.

김정렴은 어느 날 청와대로 불려 갔다. 박정희 대통령은 비서실장 이후락의 후임을 맡아달라고 했다. 김정렴은 정색했다. "각하, 저는 경제나 좀 알지 정치는 모릅니다. 비서실장은 제 적임이 아니라고 생각합니다." 박정희 대통령이 말했다. "경제야말로 국정의 기본 아니오. 백성들이 배불리 먹고 등이 따뜻해야 정치가 안정되고 국방도 튼튼히 할 수 있지 않소."

박정희 대통령은 경제통인 김정렴을 통해 경제정책 전반을 조율하려 했던 것이고, 그 같은 용인술이 대한민국 경제를 급성장시키는 원동력이 된 셈이다.

김정렴은 취임 직후 청와대 비서실의 '규모'와 '힘'을 축소하는 일부터 시작했다. 경제정책이 원활하게 실행되기 위해서는 경제관료들이 소신 있게 일을 해야 하고, 그러기 위해선 청와대 비서실의 입김이 배제돼야 한다는 소신에서 비롯됐다.

청와대 비서실이 외부에 권력기관으로 비치는 것을 방지하기 위해 특단의 조치도 내렸다. 비서실 직원들이 외부에 기고나 강연을 하면 바깥에서는 '대통령의 뜻'으로 받아들일 수 있다는 이유로 금지했다. 심지어 명함도 만들지 말고 청와대 마크가 새겨진 봉투조차 외부에 흘러나가지 못하도록 했다. 이를 위반하는 사람은 청와대를 떠나야 한다는 '경고'를 곁들여 비서실 직원의 기강을 다잡았다. 그런 조치를 취한 이유에 대해 김정렴은 "청와대 비서실을 빙자하는 소지를 조금이라도 더 줄이기 위해서"라고 설명했다.

김정렴은 10명의 경제 관련 청와대 비서관을 감원하는 등 청와대 조직을 통폐합하고, 차관 이하 인사는 장관들에게 위임했다. 박정희 대통령은 김정렴에게 주요 장관, 대통령 특보 후보감을 직접 물색해 건의하도록 했을 정도로 힘을 실어줬다.

김정렴은 박정희 대통령의 이 같은 전폭적인 지원과 신임을 바탕으로 산업화 시기 경제정책 전반에 대한 밑그림을 그려나갔다. 경제정책 수립 및 추진과 관련해 박정희 대통령은 김정렴에게 전권을 위임하다시피 했다. 김정렴은 "내가 비서실장으로 일한 9년 3개월간 박정희 대통령이 수석·보좌관 회의를 주재한 건 10번도 안 된다. 내가 매일 회의를 열어 결과를 취합해서 대통령에게 전달했다"고 밝혔다.

김정렴은 이처럼 비서실장 재임 중 수출입국, 공업화 정책 수립에서부터 산업고도화 정책 등 모든 경제정책의 수립과 실행을 주도했다. 중화학공업 건설, 방위산업 육성, 농업개발, 산림녹화, 새마을운동, 경부고속도로 건설, 의료보장제도 추진, 한국과학기술연구소(KIST)와 대덕연구개발특구 등이 모두 그의 손을 거쳐 입안되고 실행됐다. 고도성장기 한국 경제의 설계자이면서 조정자 역할을 했다는 평가가 나오는 이유다.

김정렴이 경제관료와 비서실장으로 경제정책의 컨트롤타워 역할을 하는 동안 대한민국은 1961년 1인당 국민소득 89달러에서 1979년 1,510달러로 도약했다.

김종필 전 국무총리는 김정렴의 위상을 다음과 같이 소개했다.

"대통령의 신뢰가 두터워 차지철과 김재규도 함부로 대하지 못했다. 김정렴 비서실장 시절 차지철이 비서실장을 제치고 대통령에게 먼저 보고하거나 중앙정보부장과 월권 문제로 정면충돌하는 일은 겉으로 드러나지 않았다."

김정렴은 1978년 12월 22일 부가가치세 도입 파장으로 경제팀이 교체될 때 책임을 지고 물러나 주일대사로 자리를 옮겼는데, 그 후 10개월 만에 10·26 사태가 발생했다. 김정렴이 자리를 지키고 있었으면 어쩌면 10·26 사태는 발생하지 않았을 것이란 후일담이 나오기도 했다. 그의 후임이 궁정동 안가 현장에 있었던 김계원이었다.

김정렴은 박정희 대통령이 타계한 후에도 회고록과 저술 활동 등을 통해 박정희 시대의 경제정책과 리더십을 알리는 데 열과 성을 다했다. 박정희 대통령으로선 '최고의 인사권 행사'였던 셈이다.

2장
박정희의 김재규 총애:
참극의 징후들

박정희 대통령은 고향(구미) 후배이면서 육사 동기(2기)라는 이중 인맥으로 얽혀 있는 중앙정보부장 김재규를 각별하게 챙겼다. 김종필의 증언이다.

"박 대통령에게 김재규는 차지철과 비교하면 인연과 세월의 깊이가 달랐다. 아랫사람을 앞에 두고 좀처럼 하대하지 않던 박 대통령도 '재규' '재규' 하며 그의 이름을 편하게 불렀다. 박 대통령 입장에선 김재규처럼 30여 년을 알아온 인물을 옆에 두면 안전하지 않겠나 하는 생각을 했음직하다. 대통령이 그렇게 믿음을 준 자한테 목숨을 잃었으니 사람의 일이란 허망하기 그지없다."

JP의 말처럼 박정희 대통령은 김재규에게 은인이나 다름없는 사람이었다. 5·16 군사정변 당시 국방부 총무과장(준장)이던 김재규의 경우 쿠데타에는 가담하지 않았다. 오히려 반혁명세력으로 몰려 일시 감금 되기도 했지만 금방 풀려났고 승승장구하기 시작했다.

국가재건최고회의 의장에 오른 박정희가 "이 나라 경제를 살리려면 농촌부터 살려야 한다"며 김재규에게 호남비료공장 건설 임무를 주면 서 사장에 임명한 게 하늘이 내린 운명의 시작이었다. 이후 수도권 외 곽 경비를 맡는 요직인 6사단장 시절 6·3 사태 당시 계엄군을 지휘해 박정희 대통령의 신임도가 급상승했다. 6관구 사령관, 육군방첩대장, 보안사령관, 3군단장(중장)으로 영전을 거듭했다.

예편해서는 곧바로 유정회(1973년) 국회의원을 시켰고, 이어 중앙정 보부 차장과 건설부 장관을 거쳐 중앙정보부장으로 발탁했으니 김재 규를 얼마나 아끼고 배려했는지는 계속된 승진 인사에서 읽을 수 있다. 10·26 현장에 있었던 비서실장 김계원의 회고다.

"박정희 대통령이 '재규, 저놈 참 괜찮아. 저 친구 내가 장군이라는 칭호로 불러줘야 되는데 버릇이 되어서 말이야. 꼭 고향집 집안 막냇동생 놈 같으니 말이야. 참 착한 자요'라고 말했다."

박정희 대통령이 아끼는 만큼 김재규의 충성심도 대단했다. 대통령이 전화를 걸면 김재규는 벌떡 일어나 차려 자세로 전화를 받았을 정도다.

중장 예편 후 유정회 국회의원을 지내다 중앙정보부 차장으로 발령 이 났을 때도 "격이 떨어지지 않느냐"는 주위의 말에 "각하의 명령이라면 어디든 가야 한다"며 군말 없이 따랐다. 심지어 당시 신직수 중앙정보부장은 김재규가 5사단 참모장으로 있을 때 데리고 있던 부하였지만, 그는 '각하의 명령'에 충실했다.

하지만 1976년 김재규를 중앙정보부장으로 발탁한 박정희 대통령의 '분할통치' 용인술은 10·26이라는 최악의 결과를 초래했다. 방아쇠를 당긴 게 '이대로 가면 안 된다'는 충성심의 발로였는지, 진작부터 '역심'을 키워왔는지는 알 수 없다.

김재규는 1977년에 대통령 직선제를, 1979년엔 긴급조치 9호를 해제하는 대신 노동 및 종교탄압이 추가된 긴급조치 10호를 건의했다. 김재규는 나중에 법정에서 "박정희 대통령의 눈을 속이고 긴급조치 9호의 독소를 제거하기 위한 어쩔 수 없는 방법이었다"고 설명했다. 진의는 확인할 길이 없다.

김재규는 박정희 대통령과 대척점에 서 있던 야당 정치인인 YS와 DJ의 편의를 봐주기도 했다. 김재규는 옥중 수기를 통해 "중정부장으로 가라는 박정희 대통령의 지시에 기분이 내키지는 않았지만 할 수 없는 일이었다. 그래서 순리적인 방법으로 대통령을 설득해 유신체제를 고쳐볼 수 있는 절호의 기회라고 생각했다"라고 밝히기도 했다.

김재규는 1979년 들어서는 YH 무역 여공 농성 사건(8월 11일), 신민당 총재이던 김영삼 국회의원 제명(10월 4일), 부마항쟁(10월 16일) 등을 수습하면서 유신정권의 정당성에 대한 의문과 회의를 느꼈다고 훗날 주장했다.

결국 김재규는 1979년 10월 26일 밤 "야수의 심정으로 유신의 심장을 쏘는 혁명 거사"를 실행했고, 유신체제는 붕괴됐다.

김재규는 법정에서 "박정희 대통령 각하는 동향 출신으로, 나에게 은인이며 상관이다. 친형제간도 그럴 수 없을 만큼 가까운 관계다. 그러나 많은 국민의 희생을 막기 위해 대통령 한 사람을 죽일 수밖에 없었다"라고 주장했다.

김재규의 1·2·3심 변호를 맡았던 안동일 변호사는 "김재규 부장은 '내가 거사를 하지 않으면 틀림없이 부마항쟁이 5대 도시로 확대돼서 4·19보다 더 큰 사태가 일어날 것이다. 박정희가 죽어 없어져야만 자유민주주의가 회복된다는 확신을 했다'고 말했다."고 기록했다.

3장

노태우의 박철언 중용:
북방외교 문을 열다

　　노태우 대통령 재임 기간 최대 치적인 북방외교 정책은 대한민국의
외교 지평을 크게 넓혔다는 긍정적인 평가를 받는다.

　　노태우 대통령은 1988년 취임과 동시에 북방정책을 강력하게 추진
했다. 취임사에서부터 그런 각오를 피력했다. "미국과 일본을 비롯한
서방과의 유대를 더한층 강화하는 한편 제3세계와의 우의를 더욱 굳게
하겠다. 이념과 체제가 다른 이들 국가들과의 관계 개선은 동아시아의
안정과 평화, 공동의 번영에 기여하게 될 것이다. 북방에의 이 외교적
통로는 또한 통일로 가는 길을 열어줄 것이다."

　　노태우 대통령은 실제로 취임 5개월도 채 지나지 않은 시점에 '민족
자존과 통일번영을 위한 대통령 특별선언'(7·7선언)을 발표하는 등 속
도를 올렸다. 7·7선언을 통해 자유진영 국가 중심의 외교에서 벗어나
개혁개방 노선을 타고 있는 공산권 국가들과의 관계를 개선해나가겠다

는 북방정책을 공식화했다.

북방정책 구상은 박철언을 발탁하면서 본격화됐다. 박철언은 노태우 대통령이 대선후보 시절부터 북방정책을 적극 건의했고, 대통령 취임 직후 대통령 정책보좌관으로 임명됐다. 직책을 받은 박철언은 곧바로 '북방정책의 책사이자 기수'로 나섰다.

6공 직제상 공산권과의 수교 교섭, 대북통일정책 등을 기획, 추진하는 실무 책임은 청와대 정책보좌관이었다. 노태우 대통령은 특히 박철언이 대통령 정책보좌관을 마치고 1989년 7월부터 정무장관과 체육청소년부 장관을 역임하고 1991년 내각에서 나올 때까지 대북 비밀 접촉과 진행 중이던 미수교국과의 극비 교섭을 계속 담당하도록 역할을 부여했다. 인사이동을 하면서도 대북 및 북방정책의 일관성을 유지할 수 있도록 하는 조치가 있었기에 북방정책이 성과를 낼 수 있었다.

박철언이 북방정책을 속도감 있게 추진할 수 있었던 건 노태우 대통령의 뒷받침과 함께, 5공 정권 때인 1985년 3월부터 안기부장 특별보좌관으로 일하면서 중장기 과제로 북방정책을 구상해왔기 때문에 가능한 일이었다.

노태우 정부의 북방정책은 박철언의 지휘 아래 실질적인 성과를 내놓았다. 박철언은 중국과 러시아를 비롯한 공산권 국가들을 비밀리에 방문하면서 수교 협상을 벌였고, 가시적인 성과가 나타나기 시작했다.

1989년 헝가리와 폴란드, 유고슬라비아에 이어 1990년 체코슬로바키아, 불가리아, 몽골, 루마니아, 소련, 그리고 1991년 알바니아에 이어 1992년 8월 24일 중국과의 수교로 정점을 찍었다. 또 베트남, 에티오피아, 앙골라 등과도 외교관계를 수립하는 등 노태우 정부 5년 동안 대통령 프로젝트로 39개국과 수교했다.

전 세계 160개국의 참가로 역대 최대 참가 기록을 세운 88서울올림픽의 성공적 개최로 확인받은 대북 체제 경쟁에서의 승리도 북방정책이 바탕에 깔려 있었기에 가능했다. 북방정책의 성공은 북한을 외교적으로 고립시키는 효과도 있었기에 남북기본합의서와 비핵화공동선언 채택, 남북한 동시 유엔 가입 등을 이끌어냈다는 평가를 받았다.

노태우 대통령이 처 고종사촌인 박철언을 계속 중용할 당시엔 비판이 있었지만, 결과적으론 임기 동안 최대의 치적을 쌓는 최고의 인사가 됐다.

4장

김영삼의 이회창 등용: 8년 대세론의 뿌리

김영삼 대통령이 뽑아 든 '이회창 카드'는 성공과 실패의 반복이었다.

YS는 문민정부를 출범시키면서 대법원장 후보로 물망에 올랐던 대법관 이회창을 감사원장에 선임했다. 임명장을 받은 이회창은 "청와대를 비롯한 현 정권 권력기관에 관련된 정치적 비리라고 하더라도 성역을 인정치 않고 엄정하게 감사하겠다"고 선언했다.

이회창은 실제로 평화의 댐, 율곡사업 등에 대한 감사를 하면서 전두환·노태우 두 전직 대통령을 서면조사했다. 율곡사업 감사는 전·현직 장성들과 전직 청와대 외교안보수석을 비롯한 고위 관료들의 사법 처리로 연결됐다. 국가안전기획부에 대한 감사까지 진행하면서 최고 정보기관과도 충돌했다.

타협 없는 감사에 이회창의 인기가 치솟았고, '대쪽'이란 별명도 얻었다. YS가 취임과 동시에 추진했던 '개혁' 이미지에 부합했다. YS는 그런 강직함을 높이 사 1993년 12월 16일 국무총리 황인성의 후임으로 이회창을 지명했다.

YS 입장에선 이회창 총리 발탁은 패착이었다. 총리에 오른 이회창은 자신에게 주어진 법적 권한을 적극 활용, '소신 있는 국무총리상'을 추구하면서 거침없는 행보를 이어갔다. 하지만 YS는 이를 허락하지 않았고 사사건건 충돌했다.

결국 127일 만에 YS는 자진 사퇴 형식을 빌려 이회창을 경질했다. 이회창은 "허수아비 총리는 안 한다"며 물러남으로써 대통령과 충돌까지 마다하지 않는 대쪽 이미지를 지켰다.

YS는 이회창의 '월권'이 경질 사유였다고 밝혔다.

"나는 신임 이회창 총리에 나름대로의 기대를 걸었다. 그러나 그는 총리 취임 직후부터 내 기대에서 멀어져갔다. 나와 독대한 장관들에게 나와 무슨 얘기를 나눴는지 자신에게 보고할 것을 요구했고, 4월 5일의 '우르과이 라운드 이행계획서' 수정 파동 때는 사과 담화를 거부하기도 했다. 그러던 중 4월 중순 대통령이 대북 문제 대응을 위해 구성한 통일안보정책 조정회의에 대해 '사전에 총리의 승인을 받으라'고 지시하고 나섰다. 이는 '통치권에 대한 도전'으로 더 이상 총리직에 둘 수 없다고 판단했다."

이회창이 물러나는 과정도 매끄럽지 않았다. YS는 이회창을 청와대로 불러 호되게 질책하고 "지금 당장 사표를 내지 않으면 해임 조치하겠다"고 최후통첩을 했다. 이회창은 총리실로 돌아가자마자 사표를 제출했다.

사표 제출 과정을 놓고 이회창은 1997년 대선 TV 토론에서 "소신껏 사표를 냈다"고 말해 YS와는 다른 주장을 내놓기도 했다.

두 사람의 관계가 끝나는 듯했지만, 2년 뒤 YS는 다시 이회창에게 러 브콜을 보냈다. 1996년 4·11 총선(15대 국회의원 선거)을 앞두고 국민 적 인기가 있던 이회창에게 신한국당 선대위원장을 맡기면서 두 사람 의 인연이 다시 시작됐다. 이회창은 당시 전국구 1번으로 국회에 입성 했다.

총선에서 압승한 YS는 연말 대선을 앞둔 1997년 3월 신한국당 전국 위원회에서 이회창에게 당대표를 맡겼다. 대선을 앞두고 총재인 YS가 새로운 당대표를 내세우는 건 차기 대선후보로 지지한다는 의미로 받 아들여질 수 있다는 점에서 이회창에게 상당한 힘을 실어준 셈이다. 이 대목에 대한 YS의 회상이다.

"나는 대통령 후보는 반드시 민주주의 경선을 통해 선출하겠다는 생각을 갖고 있었다. 동시에 경선 과정에서 내가 선호하는 후보가 누구인지를 공 표하려는 생각도 했었다. 하지만 새로 당대표를 임명하는 것만으로도 내 가 누구를 지지하는지 당원들에게 충분히 의사가 전달될 수 있으리라고 생각했다."

YS의 예상대로 이회창은 당시 신한국당 대선후보 '9룡'의 경쟁에서 후보가 됐고, 그 선택은 성공으로 끝나는 듯했다. 당시 이회창 후보의 지지율은 김대중 후보를 압도하고 있었기 때문이다.

그러나 대의원 40%의 지지를 받아 경선에서 2위를 차지했던 경기도지사 이인제가 승복을 선언하지 않았고, 이회창 후보의 두 아들 병역 의혹이 터져 나오면서 50%를 넘나들던 이회창 후보의 지지율은 전당대회가 끝난 지 한 달 만에 10% 후반에서 20% 초반을 넘나들 정도로 급락했다.

당내에서 후보교체론이 급등했고, 이인제는 YS의 간곡한 만류에도 불구하고 결국 지사직을 사퇴한 뒤 대선 출마를 선언했다.*

두 사람의 관계가 마지막으로 틀어진 것은 '김대중 비자금' 사건에 대한 검찰 수사다. YS는 당시 검찰총장 김태정에게 대선 이후로 비자금 사건 수사를 연기할 것을 지시했다. 이회창 후보는 이튿날 기자회견을 열어 명예총재인 YS의 탈당을 요구했다.

급기야 11월 6일 포항 실내체육관에서 열린 경북지역 필승결의대회 식전 행사에서 이회창 지지자들이 YS를 상징하는 '03 마스코트'를 몽둥이로 내려치는 퍼포먼스를 벌였고, 이튿날 YS는 탈당을 선언했다.

집권당 후보였던 이회창은 대선에서 패배했고, 정권을 연장하려던 YS의 '이회창 선택'도 결국 실패로 마무리됐다. 이회창은 2002년 대선 때까지 당을 장악하면서 대세론 속에서 '제왕적 총재'를 자임했으나, 대권의 꿈을 이루지는 못했다.

---

* 이회창 측에서는 YS가 이인제를 지지했다고 주장하는데, YS는 회고록에서 수차례나 만류했을 뿐만 아니라, 이회창 후보에게도 이인제 지사를 찾아가 설득하라고 주문했는데 끝내 하지 않았다고 기록했다.

한편 김영삼 대통령은 당선 후 각 언론사와 인터뷰 또는 기자회견을 할 때마다 인사의 중요성을 강조했다. 그런데 항상 대통령비서실장과 감사원장이 가장 중요하다고 설명했다. 참모들은 고개를 갸웃했다. "비서실장은 알겠는데, 감사원장은 왜?" "경제 상황이 안 좋으니 경제부총리가 더 중요하지 않나?" 등의 말이 나왔다.

막상 인사 뚜껑이 열리자 감사원장에 대법관 이회창이 발탁됐다. YS의 감사원장 중요성 강조는 '이회창 발탁용'이었다. 당시 이회창은 대법관과 중앙선거관리위원장으로서 실력과 소신을 선보여 신망이 높았다. YS는 그를 문민정부에 참여시켜 기존의 정치인들을 견제하려고 포석을 둔 게 아니었나 생각된다.

5장

YS · DJ의 15대 총선 공천: 신진세력의 등장

1996년 4월 11일 실시된 15대 총선은 우리 헌정사에서 손꼽히는 '인재 산실의 시기'로 평가받는다.

김영삼(신한국당), 김대중(새정치국민회의), 김종필(자민련), 이른바 '3김'이 정치판을 좌지우지할 때다. 3김은 총선 공천권을 쥐는 각 당의 총재를 맡아 마지막 경쟁을 벌였다. 당시 '개혁'과 '세대교체'가 화두로 부각되면서 대대적인 물갈이와 함께 쇄신 공천이 단행됐다.

여당인 신한국당 총재를 겸했던 김영삼 대통령은 좌우를 넘나드는 인재 발굴에 나섰고, 그 결과 재야 노동운동 그룹으로 민중당 출신 이재오, 김문수를 영입해 개혁 색채를 강화했다. 당시로선 엄청난 파격이었다.

15대 국회에서 YS가 발탁한 인물들은 좌우 이념 스펙트럼이 넓었고, 개성도 강해 거물급으로 성장한 사람들이 많았다.

전 새누리당 대표 김무성, 전 국회의장 정의화, 전 국무총리 이완구, 전 대선후보 홍준표, 전 한나라당 대표 안상수 등도 15대에 입문한 'YS 키즈'다. 홍준표는 한나라당 대표 시절 YS의 상도동 자택을 방문해 인사하면서 "우리는 모두 YS 키즈들입니다"라고 말하기도 했다.

박근혜 대통령도 15대 임기 중이던 1998년 4월 대구 달성군 보궐선거 당선으로 정치를 시작했다. 신한국당 내 개혁 세력 '남원정(남경필·원희룡·정병국)'의 일원인 전 경기도지사 남경필도 선친인 전 국회의원 남평우의 작고로 치러진 15대 국회 보궐선거를 통해 원내에 진입, 5선까지 지냈다.

YS는 4개월 만에 국무총리에서 내쫓았던 이회창도 15대 국회 전국구 1번을 주면서 다시 불러들였다. YS의 회고다.

"여당 총재로서 4·11 총선의 중요성을 감안해 새로운 인물을 발탁하는 데 많은 노력을 기울였다. 공천의 전 과정을 하나하나 꼼꼼히 챙겼다. 강삼재 사무총장과는 1주일에 한 번 이상 직접 만났고, 하루에도 몇 번씩 전화로 공천 과정에 대해 보고를 받았다. '개혁성'과 '참신성'에 공천의 주요 기준을 두었고, 이에 따라 개혁지향적인 참신한 젊은 인재들을 대거 영입, '공천 물갈이'를 단행했다."

15대 국회에서 이처럼 쇄신 공천이 가능했던 건 YS가 전권을 가지고 내려꽂기식 '전략공천'을 할 수 있었기 때문이다. YS는 "당에서 추천한 단수 후보까지 바꿀 정도로 내가 직접 최종 인선을 했다"고 밝혔다.

당시 외부 인사 영입을 주도한 인물은 YS의 아들 김현철이다. 차남의 공천 개입으로 잡음이 적지 않았던 것도 사실이나, 최초로 여론조사를 공천 방식에 도입했다는 점이 돋보였다. 이때 김현철은 "참신성과 당선 가능성을 함께 고려했다"고 밝힌 바 있다.

당시 공천은 당 안팎으로부터 '개혁 공천'의 전형으로 평가받았다. 덕분에 참패 위기에 내몰렸던 신한국당은 전국구(비례대표)를 포함해 과반에 가까운 139석을 확보하는 대승을 거뒀다. 특히 전통적으로 야당 우세 지역이던 서울에서 전체 47석 중 27석을 차지했다. 서울 총선에서 여당이 승리한 것은 사상 처음이었다. 국민회의는 79석, 자민련은 50석을 확보했다.

이듬해 대선을 앞둔 새정치국민회의 총재 김대중도 새 인물 발굴에 사활을 걸었다. 나중에 '정풍운동'으로 DJ의 면전에서 동교동계 가신들에게 정면으로 반기를 들었던 '천신정'(천정배·신기남·정동영)을 무더기 발탁한 게 대표적이다. 이들은 열린우리당 창당과 노무현 정부 출범의 개국공신 역할을 했다.

당시 동교동계의 좌장이던 권노갑이 DJ의 뜻을 받들어 참신하고 개혁 성향의 인물을 발굴하는 데 주력했고, MBC 앵커이던 정동영을 영입하는 데 성공했다. 권노갑은 정동영을 본인이 희망하는 전북 전주에 공천하기 위해 현역 의원들의 빗발치는 원성이 불을 보듯 뻔한 '호남 물갈이론'을 내세우기까지 했다.

김한길, 김근태, 정세균, 추미애 등도 15대 국회를 통해 입문했다. 그 결과 DJ는 이듬해 네 번째 도전한 대선에서 불가능할 것으로 보이던 정권교체를 이뤄냈다.

이처럼 15대 국회가 굵직한 인재들을 배출할 수 있었던 건 진영과 이념을 넘어서 새로운 인재를 발굴하겠다는 시대적 분위기가 있었기 때문에 가능했다. 이 같은 분위기의 밑바탕에는 절박함이 깔려 있었다. YS는 정권 말 대통령의 권력을 뒷받침할 세력이 필요했고, DJ 또한 이듬해 대선을 앞두고 총선 승리는 물론이고 수권 능력을 입증해야 할 필요성이 절실했던 것이다.

15대 국회를 통해 혁신과 통합의 아이콘으로 급성장한 이들은 초·재선 때부터 당내 개혁 모임 등을 주도하면서 언론의 집중적인 조명을 받아 급성장하기 시작했다.

그러나 20여 년의 세월이 흐르면서 이들에게는 어느새 기득권 '꼰대' 이미지가 덧씌워지며 대부분 퇴출당했고, 나머지 몇몇(홍준표·정세균·추미애)이 2022년 대선 때 당내 경선에 나섰으나 혁신과 통합을 주창하기에는 역부족이었다.

6장

김대중의 노무현 선택:
재집권 성공한 혜안

　김대중 대통령은 집권 중반기 인권변호사 출신 정치인 노무현을 해양수산부 장관으로 발탁했다. 2000년 8월부터 2001년 3월까지 장관을 역임한 노무현은 그해 9월 부산후원회에서 대권 도전을 선언했다.

　DJ가 노무현을 장관으로 임명한 건 대권에 도전할 수 있도록 경력을 쌓아주는 차원이었는데, 노무현은 이를 십분 활용해 새천년민주당 대선후보에 이어 대통령으로 선출됐다.

　DJ 입장에서 '노무현 키우기'는 대성공이었다고 할 수 있다. 당시 '이회창 대세론'이 압도하는 상황에서 노무현이 아닌 다른 사람이 후보가 됐더라면 승리를 장담할 수 없었고, 정권 재창출에 실패했더라면 DJ의 업적 또한 제대로 평가받지 못했을 게 분명하다. 측근들이 정치보복에 시달렸을 가능성도 농후했다. 노무현은 정권 재창출에 성공했을 뿐만 아니라, 진보세력을 결집하고 업그레이드하는 데도 결정적인 역할을 했다.

노무현은 YS에 의해 정계에 입문했다. 인권변호사로 활동한 노무현을 지켜보던 YS는 1988년 13대 총선에서 부산 동구에 통일민주당 공천장을 주면서 정계로 이끌었다. 그러나 노무현은 YS보다는 DJ와 정치 역정을 같이했다. 노무현은 YS를 탁월한 정치인으로 평가하지만 '지도자'로 이름 붙이는 데 주저함이 없는 사람은 DJ라며, 김구 선생과 함께 특별히 존경하는 인물로 손꼽았다.

평화민주당 총재 DJ와 통일민주당 초선의원 노무현이 처음 만난 건 1988년 말부터 1989년에 걸쳐 진행됐던 5공화국 청문회가 한창일 때다. 국회의원 노무현은 청문회에서 일약 '스타'로 떠올랐고, 국회 본청 의원식당에서 만난 DJ가 악수를 청하면서 "잘했어요. 정말 잘했어요"라고 칭찬했다고 한다.

노무현은 1990년 3당 합당에 반대해 YS와 결별했고, 1991년 출범한 민주당에 입당하면서 DJ와 한배를 탔다. 1992년 대선 때 민주당 청년특별위원장을 맡아 김대중 후보 선거운동에 나섰으나 패배했고, 1997년 대선 때 새정치국민회의 부산·경남선대위 공동의장과 '파랑새 유세단' 단장을 맡아 김대중 후보의 당선에 일조했다.

DJ가 노무현을 장관으로 발탁한 건 이처럼 정권 재창출에 역할을 하기도 했지만, 지역주의에 도전하는 소신 있는 정치에 대한 보상이었을 수 있다.

1995년 초대 지방선거에서 부산시장에 출마해 낙선했던 노무현은 1998년 7월 서울 종로에서 보궐선거에 당선됐음에도, 2000년 4월 16대 총선에서 다시 부산(북·강서을)에 도전했다가 낙선했다. 하지만 오히려 국민적 인기는 치솟았고, 여권 내 차기 대선주자 중 한 명으로 부상하자

DJ가 해양수산부 장관으로 발탁해 날개를 달아줬다. 여러 명의 대선후보를 키워보겠다는 복안이었던 셈이다.

노무현이 DJ 정부에서 해양수산부 장관으로 재직한 기간은 8개월에 불과했다. 하지만 국무위원으로서 행정을 경험하고 대통령의 국정 운영을 지켜볼 수 있는 소중한 시간이었음이 분명하다. 장관직을 수행하면서 리더십을 발휘하고 시험해볼 기회를 가질 수 있었다.

훗날 대통령이 되어서도 격의 없는 모습을 보여줬던 노무현은 장관 시절에도 실·국장들로부터 의례적인 업무보고를 받는 대신 실·국을 직접 찾아다니면서 실무 사무관들과 접촉해 업무를 파악했다.

DJ가 정치적으로 힘든 시기에 노무현이 힘이 됐던 적도 있었다. 1995년 노무현이 부산시장 선거에 출마했다가 낙선한 직후인 9월 새정치국민회의를 창당했을 때 DJ에게 노무현은 꼭 필요한 정치인이었다.

노무현 대통령은 훗날 "호남을 고립시켜놓은 지역구도 정치 지형에서 고립당한 쪽을 거들지 않을 수 없었다. 그 분열에서 정치적 이익을 얻는 쪽에 가담하는 것은 어떤 논리로도 당당하게 설명할 수 없는 선택이었다"고 술회했다.

DJ와 노무현 사이가 마냥 봄날이었던 건 아니다. 노무현 대통령 취임 초기 한나라당 주도로 발의해 본회의를 통과한 대북송금 특검법에 대해 거부권을 행사하지 않았고, 그 결과 최측근인 전 청와대 비서실장 박지원이 구속됐을 당시 DJ는 대로했다. 그럼에도 DJ는 노무현을 굉장히 아꼈고, 극단적인 선택으로 세상을 떠났을 때는 "내 몸의 반쪽이 무너진 느낌이었다"고 했다.

7장
노무현의 문재인 기용:
운명

노무현 대통령이 '친구' 문재인을 청와대로 불러들인 건 결과적으로 10년 이후를 내다본 원모심려(遠謨深慮)가 됐다.

문재인 대통령이 대권주자 반열에 오르기까지 노무현 대통령의 후광이 결정적인 배경으로 작용했고, 제1야당의 대선후보로 만든 일등 공신도 참여정부를 지탱했던 친노 세력이었다.

문재인 대통령은 13대 총선에 이어 2002년 부산시장 선거, 2004년 총선 출마도 거절하는 등 "정치는 늘 불편한 옷"이라고 했었다. 그런 문재인이 정치권에 처음 발을 내디딘 건 2002년 대선 당시 부산선대위 본부장을 맡았던 일이다.

노무현 후보는 이 자리서 "그 사람을 제대로 알기 위해서는 친구를 보라고 했다. 나이는 적지만 믿음직한 문재인을 친구로 둔 것을 정말 자랑스럽게 생각한다. 문재인을 친구로 둔 나는 대통령감이 된다"고 말했다.

대선에서 승리하자 노무현 대통령은 변호사 업무에 복귀하려던 '친구'에게 참여정부 초대 민정수석을 맡아줄 것을 부탁했다. 그러나 문재인은 거부했고, 이에 노무현 대통령은 "당신들이 나를 정치에 나가게 했고 대통령으로 만들었으니 책임까지도 져라"는 말로 설득했다. 당시 정치에는 전혀 관심을 보이지 않았던 문재인은 "공직은 민정수석으로 끝내겠다" "정치하라고 하지 말라"는 두 가지를 조건을 내걸어 다짐받고는 청와대에 들어갔다.

민정수석 문재인은 청와대 생활 1년 만에 치아 10개를 뽑을 만큼 건강이 악화됐다. 17대 총선이 다가오자 여당인 열린우리당의 총선 출마 압력도 더해지면서 청와대를 떠났다.

자유인이 된 문재인은 네팔에서 안나푸르나 트래킹으로 휴식을 취하고 있던 중 '노무현 대통령 탄핵안'이 발의됐다는 소식을 듣고 귀국했다. 탄핵심판법률대리인단을 구성해 노무현 대통령을 위기에서 구해낸 후 시민사회수석으로 복귀했다. 그러다 다시 민정수석을 맡았을 때는 '왕수석'으로 불렸고, 2007년 마지막 비서실장 자리에 올라 퇴임까지 노무현 대통령과 임기를 함께했다. 본인의 의사와는 별개로 이미 정치 깊숙이 발을 내디뎠던 셈이다. 비서실장으로 자리를 옮기기 전에는 법무부 장관 천정배의 후임으로도 거명됐으나 정치권의 반대로 무산됐다.

문재인은 참여정부 민정수석으로 일하면서 국정원과 검찰개혁에 상당한 공을 들였다. 이 때문에 2017년 대통령 취임 후 검찰개혁에 매진했던 것은 예정된 수순이었다고 볼 수 있다. 비서실장 시절에는 거의 대부분의 국정 안건을 조정했고, 비서실장 선에서 사전 정리가 되지 않은 채 노무현 대통령에게 직접 올라가는 안건은 극소수에 불과했다고 노무현 정부 청와대 관계자가 전하기도 했다.

정치 참여에 대한 문재인의 생각을 바꾼 건 노무현 대통령의 극단적인 선택이었다. 노무현 대통령 서거 2주기를 맞은 2011년 『문재인의 운명』*을 발간하고 전국 순회 북콘서트를 개최한 것이 계기가 됐다. 정치판에 나오라는 권유를 끝내 거절하자 "그렇다면 노무현에 대한 기록이라도 남겨야 하지 않겠느냐"라고 해서 쓴 책이었다.

우여곡절 끝에 2011년 12월 26일 다음 해 있을 4·11 총선(19대 국회의원 선거) 부산 출마를 선언했고, '낙동강 전투'를 진두지휘하며 당선됐다. PK 총선 성적은 기대 이하로 저조했지만, 2개월 뒤 대선 출마를 선언했다.

문재인은 총선 이후 확연하게 달라진 모습을 보였다. 6월 12일 민주당 정치개혁모임 초청 간담회에 참석한 문재인은 민주당 내에서 경쟁력이 가장 뛰어난 자신이 대선후보가 되어야만 새누리당 후보 박근혜를 이기고 정권교체를 할 수 있다고 강조했다.

문재인은 2012년 대선에서는 박근혜 후보에게 약 100만 표 차이로 패배했고, 이후 박근혜 대통령 탄핵으로 조기에 실시된 2017년 대선에서 승리하면서 '친구'의 뒤를 이어 청와대에 입성했다. 노무현 대통령

---

* 문재인, 가교, 2011.

이후 이명박·박근혜 보수정권으로 이어지면서 진보진영은 위기로 내몰렸으나, 탄핵에 이은 문재인 정권의 탄생으로 전에 없던 전성기를 맞았다. 문재인 대통령은 적당히 안락하게 살았을 자신을 각성시킨 것은 노무현 대통령의 치열함과 그의 서거였다며, 그는 유서에 남긴 '운명'에서 해방됐지만 자신은 그가 남긴 숙제에서 자유롭지 못하게 되었다고 밝힌 바 있다.

8장

박근혜의 김기춘 맹신:
몰락의 전조

박근혜 대통령은 취임 첫해인 2013년 8월 5일 전직 법무부 장관 김기춘을 비서실장으로 발탁했다. 박 대통령 본인이 "베스트 오브 베스트"라고 평가했던 비서실장 허태열이 취임한 지 6개월도 채 지나지 않은 시점이었다.

김기춘 발탁은 박정희 대통령과의 인연도 작용했다는 것이 대체적인 분석이었다. 김기춘은 박근혜 대통령이 과거 이사장으로 있었던 정수장학회의 전신인 5·16 장학회 1기 장학생이었다.

또 박정희 정권 시절에는 유신헌법의 초안을 마련하는 데 큰 역할을 했고, 유신정권 말기 청와대 비서관을 지냈다. 35세의 나이에 유신정권의 중앙정보부 대공수사국장으로 활동하기도 했다. 박정희 대통령은 김기춘을 '김똘똘'이라고 부를 정도로 총애했다.

김기춘은 박근혜 대통령이 대권 도전에 나섰을 당시 원로 자문 그룹이던 '7인회'의 멤버이기도 했다. 박근혜 대통령 입장에선 당선되기 전부터 '군주(君主)'를 대하듯 하는 김기춘의 스타일이 마음에 들었을 수도 있다.

김기춘은 박근혜 대통령에 대해 '극존칭 화법'을 썼다. 첫 공식브리핑에서 "'윗분'의 뜻을 받들어 한 가지 발표를 드리겠다"라고 말해 기자들을 어리둥절하게 만들었다. 임명된 지 두 달 정도 지난 2013년 10월 1일 새누리당 원내지도부를 청와대에 초청해 만찬을 하는 자리에선 "나는 대통령의 뜻을 바깥에 전하고 바깥 이야기를 대통령께 전할 뿐"이라며 "옛날 말로 승지(承旨)"라고 자신을 규정했다. 김기춘은 박근혜 대통령이 당선되기 이전 같은 국회의원 시절에도 '주군', '하명(下命)' 등의 용어를 사용했다는 증언도 나왔다. 이런 김기춘에 대해 박근혜 대통령은 2015년 신년 기자회견에서 "정말 드물게 보는 사심이 없는 분"이라고 평가하기도 했다.

하지만 '왕실장' '부통령'으로 불리기까지 했던 비서실장은 몸에 밴 봉건적 사고로 '주군'에게 직언하지 못했고, 결국은 박근혜 대통령의 파멸을 초래하는 단초를 제공했다.

비서실장으로 취임한 김기춘은 장악력을 발휘했다. 그럼에도 문고리 3인방의 전횡을 차단하지 못함으로써 최순실과 3인방의 조력자가 되었던 게 아니냐는 평가를 받기도 했다. '왕실장'은 여당과도 소통하지 않았고, 결과적으로 박근혜 대통령을 점점 궁지로 내모는 결과로 연결됐다.

2014년 6월 새누리당 대표 경선을 앞두고 친박 좌장이었던 김무성은 "최근 박근혜 대통령을 만나거나 통화한 적이 있느냐"는 질문에 "없다. 나뿐만 아니라 다른 사람도 모두 그렇다더라. 중요한 건 김기춘 비서실장도 나를 안 만나준다"고 말했다. 김무성은 "다른 후보가 '박심(朴心)'을 판다는 소리를 듣고 '대통령의 의중이 있는 것이 사실이냐'고 따지려고 전화를 했는데 안 받더라. 지난해 연말 철도파업 중재 때 김 실장과 합의 문구 상의를 위해 10번이나 전화를 걸었는데 그때도 전화를 안 받더라"고 불평했다.

대통령비서실장은 청와대 인사위원장인데, 김 전 실장은 인사 문제에서도 실패했다는 지적을 많이 받았다. 심지어 세월호 참사 수습을 위한 인사에서도 사고가 벌어졌다. 안대희·문창극 두 국무총리 내정자가 연달아 낙마했다. 일부 장관 후보자도 국회 인사청문회 문턱을 넘지 못했다.

잇따른 인사 실패에 김기춘 비서실장 책임론이 제기됐으나 박근혜 대통령은 받아들이지 않고, 인사수석실 부활로 위기를 모면하려 했다.

계속되는 인사 사고에 박 전 대통령의 비선이 개입됐다는 소문도 무성했다. 총무비서관 이재만, 동생 박지만, 최태민 목사의 사위 정윤회 등 세 사람을 지목한 '만만회'가 움직인다는 주장까지 제기되면서 파장은 증폭됐다.

김기춘은 세월호 참사 당일 박근혜 대통령의 '7시간 의혹'에 대해 확실한 해명을 하지 못함으로써 파문을 확산시키는 결정적인 빌미를 제공했다. 또 재임 시에 국가정보원 여론조작 사건을 조사하던 검찰총장 채동욱이 혼외자 문제가 불거져 사퇴했을 때 '김기춘 배후설'이 나돌았다. 최순실 문제가 제기됐을 때도 "맹세코 비선 라인은 없다"고 주장했다가 수습하기는커녕 오히려 파문을 키웠다.

김기춘은 박근혜 대통령의 '수첩 인사'에 직언하지 못했고, '그림자 실세'들의 국정 개입 논란도 차단하지 못했다. 특히 박근혜 대통령이 잘못된 방향으로 가고 있음에도 최측근에 있는 비서실장으로서 바른 길로 이끌어내지 못해 결과적으로 탄핵이라는 최악의 상황을 초래했다.

박근혜 대통령이 탄핵되면서 김기춘도 2017년 박영수 특검에 의해 문화예술계 블랙리스트 작성 등의 혐의로 구속됐다.

9장

문재인의 조국 낙점 :
국론 분열의 시발점

문재인 대통령은 취임과 함께 서울대 교수 조국을 청와대 민정수석으로 발탁했다. 조국의 전면 등장은 여야는 물론이고 여여(與與) 갈등까지 불러온 극단적 대결의 출발점이었다.

조국과 그의 가족 및 주변 인사들을 둘러싼 각종 논란은 급기야 '조국 사태'로까지 치달아 정권에 큰 부담으로 작용했다. 문재인 정부의 임기를 4개월여 남긴 2021년 12월 말 실시된 여론조사에서 조국을 법무부 장관으로 임명한 건 부동산 정책 다음으로 잘못한 일로 꼽혔다.

비(非)검찰 출신인 조국 발탁은 처음엔 검찰개혁의 의지를 보여줬다는 등의 평가를 받았다. 조국의 취임 일성 역시 검찰개혁이었다. 그는 취임 회견에서 '사정기관 컨트롤'과 관련해 "민정수석은 수사를 지휘해서는 안 된다"고 잘라 말하며 검찰개혁을 특별히 강조했다.

하지만 시간이 흐를수록 평가는 가혹해졌다. 민정수석 취임 후 인사 검증에서부터 시작해 곳곳에 구멍이 뚫렸다. 임기 초반부터 정부의 '5대 인사 원칙'에 어긋나는 인물들이 줄줄이 지명됐고, 청문회를 통과하지 못하는 일이 반복됐다.

과거 자신이 모셨던 법무부 장관 내정자 안경환의 경우 젊은 시절 상대의 도장을 위조해 혼인신고를 하여 사기 결혼으로 무효 판결을 받은 전력이 드러나 자진 사퇴했다. 2018년에는 같은 참여연대 출신인 김기식을 금융감독원장으로 추천했으나, '셀프 후원'과 로비성 외유 의혹 등으로 임명 18일 만에 사퇴했다.

이후에도 인사 때마다 부실 검증 논란이 불거졌고, 문재인 대통령은 국회 동의를 얻지 못하고 임명을 강행하는 부담을 져야 했다. 여기에다 청와대 대변인 김의겸의 흑석동 부동산투기 의혹이 더해지면서 인사 검증 시스템 전반에 문제가 있는 게 아니냐는 지적을 받았다.

민정수석실에 근무하던 경찰 총경 윤규근의 버닝썬 게이트 연루 의혹이 터지면서 민정수석실의 근무 기강 문제도 도마에 올랐다.

민정수석으로 재직하면서 일본의 부품 수출규제 조치로 한일관계가 최악으로 치닫고 있는 상황에서 동학농민혁명 및 항일의병을 소재로 한 〈죽창가〉를 페이스북에 올렸다. 여기에 "겁먹고 쫄지 말자. 싸워 이기자"라고 적는 등 반일 여론전에 나서면서 무책임하다는 비판을 받기도 했다.

2019년 7월 26일 민정수석에서 물러난 이후 법무부 장관으로 지명됐을 때는 무수한 의혹과 '내로남불'이 겹쳐지는 총체적 난국에 봉착했다. '조국 사태'로 비화됐고, 정권 차원의 부담으로 커졌다.

'조국 사태'는 법무부 장관으로 지명되면서 터져 나오기 시작한 웅동학원, 사모펀드, 자녀의 입시 부정 의혹 등에서 출발했다. 여기에다 조국이 과거 SNS를 통해 주장했던 각종 개혁적인 목소리와 실제 행동이 반대인 것으로 드러나면서 여론의 폭발적인 분노를 불러일으켰다.

특히 조국이 민정수석으로 재임한 기간 동안, 뇌물 수수 혐의를 받던 부산시 부시장 유재수에 대한 민정수석실 특별감찰반의 감찰 무마 의혹과 2018년 지방선거 당시 울산시장 김기현 하명 수사 의혹 등도 새롭게 부각됐다.

각종 의혹과 내로남불 사례가 쉴 새 없이 터져 나오자 반대 여론이 들끓었다. 하지만 문재인 대통령은 "의혹만으로 임명을 하지 않으면 선례가 될 수 있다. 검찰개혁 완수를 위해 불가피한 선택"이라는 대국민 담화와 함께 장관 임명을 강행했다.

배우자가 피의자 신분으로 기소된 상황에서도 장관직을 계속 수행했고, 가족 수사 외압 논란도 초래했다. 2019년 9월 23일 진행된 조국 자택 압수수색 중 압수수색을 하는 검찰 수사관에게 전화를 걸었던 사실이 드러나면서 여론의 집중적인 비판을 받기도 했다.

임명된 지 35일 만인 2019년 10월 14일에 사퇴한 조국은 12월 31일 뇌물수수와 부정청탁금지법, 공직자윤리법 위반 등 무려 11개 혐의로 불구속기소됐다.

문재인 대통령이 조국을 발탁하면서 과거 노무현 대통령이 참여정부 초대 민정수석으로 자신을 발탁해 훗날 대통령에 오른 경험을 생각했을지도 모른다. 부산 출신 조국은 2018년 부산시장 후보로 하마평이 올랐고, 나중에는 대선후보군으로까지 거론되기도 했지만, 조국 발탁은 결국 문재인 정권 최대의 인사 스캔들로 기록됐다.

10장

문재인의 윤석열 승진:
정권을 넘긴 치명적 실책

문재인 대통령이 뽑아 든 '윤석열 카드'는 대통령 본인이나 민주당 정권에게 최악의 선택이었다. 2017년 5월 19일 돈 봉투 만찬 사건으로 물의를 빚은 서울중앙지검장 이영렬의 후임으로 검사 윤석열이 전격 임명됐다.

최순실 게이트 추가 조사 및 공소 유지를 원활하게 수행할 인물이란 게 청와대의 판단이었다. 윤석열이 박근혜 정권에 밉보여 좌천된 경험도 있을 뿐 아니라, 박근혜 - 최순실 게이트 관련 특별검사팀 수사팀장을 맡았던 경력을 높이 샀던 것으로 분석됐다.

차장검사급이었던 윤석열을 검찰의 핵심 요직인 서울중앙지검장으로 승진 임명한 건 파격 인사였다. 서울중앙지검은 권력형 비리를 비롯, 정치·경제적으로 민감한 사건들을 사실상 도맡아 하다시피 하는 핵심 조직으로, 초임 검사장이 맡은 전례를 찾기 힘들기 때문이다.

서울중앙지검장은 고검장급에서 지검장급으로 급이 낮아지기는 했지만, 검찰 내 다섯 손가락 안에 들어가는 자리다. 그런데 막 지검장으로 승진한 윤석열을 그 자리에 임명한 건 그에게 거는 기대가 그만큼 컸다고도 할 수 있다. 집권 초반 전임 정권의 적폐 청산을 앞두고 있던 시점이었고, 특수통인 윤석열을 그 적임자로 판단했던 것이다.

윤석열은 취임 후 거침없는 '적폐 수사'로 여권 지지자들로부터 환호를 받았다. 그해 10월 국정원 댓글 사건 수사 당시 국정원 파견 검사들이 수사 방해를 했다는 정황이 드러나자 전·현직 검사들을 구속했고, 이듬해 1월에는 이명박 대통령의 핵심 측근인 김백준·김진모를 국정원 특활비 뇌물 관련 불법 금품수수 혐의로 구속했다. 수사의 칼날은 이명박 대통령을 정면으로 겨냥했고, 먼저 피의자 신분으로 전환한 뒤 3월 14일 소환에 이어 22일 구속영장을 발부받았다. 그해 8월에는 사법농단 수사에 착수, 이듬해 전 대법원장 양승태와 전 법원행정처장 박병대를 포함한 법관 14명을 기소했고, 양승태 등은 결국 구속됐다.

세월호 유가족과 안산 단원고 학생 동향을 사찰하도록 지시했다는 혐의를 받고 수사 중이던 이재수 전 기무사령관이 투신자살했을 때는 몰아가기식 적폐 청산 수사 때문이었다는 지적과 함께 '윤석열 책임론'이 불거지기도 했다.

2019년 7월 문재인 대통령은 윤석열을 검찰총장 후보자로 지명했다. 고검을 거치지 않은 파격적인 발탁이었다. 중앙지검장으로 적폐 수사를 총지휘해 성과를 올린 공로를 인정, 앞으로도 매진해달라는 주문이었던 셈이다.

문재인 대통령은 7월 25일 검찰총장 윤석열에게 임명장을 수여하면서 "살아 있는 권력에 대해서도 눈치를 보지 않는 자세를 앞으로도 끝까지 지켜달라. 우리 청와대든 정부든 집권 여당이든 권력형 비리가 있다면 정말 엄정한 자세로 임해주길 바란다"고 당부했다. 이에 윤석열도 취임사를 통해 공정한 경쟁 질서를 무너뜨리는 범죄에 대한 단호한 대응을 약속했는데, 처음으로 걸려든 '살아 있는 권력'이 조국이었다.

윤석열은 문재인 대통령의 당부대로 엄정한 수사에 착수했다. 검찰총장 취임 한 달도 채 지나지 않은 시점이었고, 당연히 문재인 대통령과의 거리도 멀어지기 시작했다. 쏟아지는 여권의 압박에도 불구하고 검찰은 8월 27일 법무부 장관 후보자 조국에 대한 전방위 압수수색을 실시하는 등 강제수사에 착수, 문재인 정권과 윤석열은 돌아갈 수 없는 다리를 건너버렸다.

조국 수사가 계속되는 와중에 문재인 대통령은 청와대 대변인 고민정을 통해 "절제된 검찰권 행사가 중요하다"라는 말로 검찰총장 윤석열에게 경고 메시지를 보내기까지 했다. 그러나 검찰 수사는 계속됐고, 조국의 부인 정경심은 결국 구속수감됐다.

'조국 사태'는 윤석열을 '친정권 검찰총장'에서 권력에 맞서는 '반문(反文)의 아이콘'으로 부각시킨 계기가 됐다. 검찰은 조국 수사를 기점으로 유재수 감찰 무마 사건, 울산시장 선거 불법 개입 의혹, 월성원전 경제성 평가 조작 수사 등 청와대를 정면으로 겨냥하기 시작했다. 문재인 정권은 인사권을 통해 윤석열 사단을 좌천시키는 등 노골적으로 '축출'에 나서면서 갈등의 골은 깊어만 갔다.

윤석열은 그를 몰아내려는 여권의 압박이 강화될수록 '부당한 권력에 저항하는 이미지'를 축적해나감으로써 유력한 야권 대권주자로 급부상했다. 대통령이 임명한 현직 검찰총장임에도 불구하고 야권의 유력 대선주자로 지지율이 폭등하는 이해하기 힘든 현상이 나타났다.

윤석열은 검찰총장 자진 사퇴 후 6월 29일 대선 출마를 선언했고, 한 달 뒤 국민의힘에 입당해 후보로 선출됐다. 윤석열뿐 아니라 문재인 대통령이 발탁한 전 감사원장 최재형, 전 경제부총리 김동연도 야권의 대선후보 대열에 합류했었다.

자신이 임명한 최고위직 인사들이 정권이 끝나기도 전에 정권을 비판하고 나선 건 문재인 대통령 용인술의 결정적 결함을 드러낸 뼈아픈 대목이 아닐 수 없다.

참고자료 목록

참고자료 목록

단행본

권노갑·김창혁, 『順命(순명)』, 동아E&D, 2014.

김계원, 『더 파더 하나님의 은혜』, SNS미디어, 2016.

김명식, 『국가와 공직』, 법우사, 2019.

김영삼, 『김영삼 회고록』, 백산서당, 2000.

김정렴, 『최빈국에서 선진국 문턱까지』, 랜덤하우스코리아, 2006.

　　　　 『아, 박정희』, 랜덤하우스코리아, 1997.

김종필, 중앙일보 김종필증언록팀, 『김종필 증언록 笑而不答(소이부답)』, 와이즈베리, 2016.

김한창, 『한국의 대통령들』, 호박, 2017.

노무현, 『여보, 나 좀 도와줘』, 새터, 1994.

매일경제 정치부, 『문재인 시대 파워엘리트』, 매일경제신문사, 2017.

문재인, 『문재인의 운명』, 가교, 2011.

박근혜, 『평범한 가정에 태어났더라면』, 남송, 1993.

박남춘, 『대통령의 인사』, 책으로보는세상, 2013.

박재홍, 『공직의 길』, 유원북스, 2011.

박철언, 『바른 역사를 위한 증언 1. 2』, 랜덤하우스코리아, 2005.

손열·강원택 외, 『2022 대통령의 성공조건』, EAI, 2021.

송국건, 『도대체 청와대에선 무슨 일이?』, 네모북스, 2007.

이명박, 『대통령의 시간 2008-2013』, 알에이치코리아, 2015.

중앙일보 정치부, 『이명박 핵심 인맥 핵심 브레인』, 중앙북스, 2008.

최광웅, 『노무현이 선택한 사람들』, 내일을여는책, 2016.

최진, 『대통령 리더십 총론』, 법문사, 2007.

한국경제신문 정치부, 『박근혜 사람들』, 한국경제신문, 2013.

함성득, 『제왕적 대통령의 종언』, 섬앤섬, 2017.

희망제작소, 『인수위 67일이 정권 5년보다 크다』, 중앙북스, 2008.

정기간행물 및 기타 연구보고서

『신동아』

『시사저널』

『위클리경향』

바른사회시민회의 이옥남, 「인사청문회 도입 이후 낙마사례와 유형」(2017.6.)

참여연대 행정감시센터, 「2008 공공기관장 교체 분석 보고서」(2008.11.4.) 외 다수

추천의 말

　대통령의 성공 조건은 첫째도, 둘째도, 셋째도 '인사'다. 국정을 운영하면서 사람을 제대로 뽑아 잘 쓰면 국민 삶을 편하게 하지만 그렇지 못하면 곤궁에 빠뜨린다. 우리 헌정사에서 대통령의 용인술이 빛을 발할 때면 국운이 융성했다. 반면, 대통령이 인사권을 오·남용했을 때는 국가가 절체절명의 위기에 처하곤 했다.

　대통령의 실패는 주로 학연·혈연·지연에 의존하는 '정실 인사', 정파적 논리만 따지는 '코드 인사', 외곽 라인이 주도하는 '비선 인사'에서 비롯됐다. 어느 정부를 막론하고 대통령 비서실 안에 정교한 인사 시스템을 갖춰놓았지만 '정실' '코드' '비선'이 무력화하려 했다. 이때 대통령과 핵심 참모들이 이를 막아내고 원칙과 기준을 지키면 성공한 정부에 가까이 갈 수 있었다.

　이 책 『대통령의 사람 쓰기』는 고위공직자 인사가 국가의 명운에 얼마나 직접적인 영향을 미치는지 파악하는 데 주안점을 뒀다. 이를 위해 87체제 헌법 이후 집권한 모든 대통령의 인사 스타일을 분석하고 정부마다 조금씩 달랐던 청와대 인사 시스템을 소개했다. 아울러 대통령의 인사권을 침해하면서 규범화된 시스템을 허물려고 했던 비선 실세들의 인사 농단 사례도 청와대 출입기자 시절의 취재 경험을 바탕으로 다양하게 다뤘다.

나는 DJP 공동정부 때 초대 대통령 비서실장을 지냈는데, 당시 김대중 대통령과 김종필 총리는 정부 요직 인사에서도 상호 신뢰를 바탕으로 별 잡음 없이 호흡을 맞춰나갔다. 윤석열 정부도 공동정부이므로 이 책에 부분적으로 소개된 DJP 공동정부의 인사 협의 방식을 참고했으면 한다.

_김중권(김대중 정부 초대 대통령비서실장·새천년민주당 대표)

역대 대통령들은 하나같이 집권 초기 주요 공직자 인사에서 '시행착오'를 겪었다. 안타까운 것은 전임 정부와 조금만 소통해도 충분히 피할 수 있었다는 사실이다. 새 정권을 출범시키며 의욕이 넘치다 보니 과거 정부가 축적한 유형의 자료와 무형의 노하우를 이어받을 생각은 아예 하지 않는다. 전임 정권과의 차별화를 최우선 과제로 삼으니 국정 모든 분야에서 오히려 정반대로 가려고 한다. 대통령의 인사권 행사도 마찬가지였다.

가령 이명박 정부는 퇴임 후 '국정운영백서'를 만들며 처음으로 '인사' 항목을 포함해 상세한 기록을 남겼지만 다음 정부에서 그걸 활용했다는 소식은 듣지 못했다. 이전에도 마찬가지였다. 어떤 정부에선 근사한 밑그림을 그려놓고 후임자가 자신의 취향에 맞춰 색칠만 하면 되도록 했지만, 굳이 외면하고 처음부터 시작하니 시행착오가 발생했다.

여러 정부를 거치며 청와대를 출입했던 현역 기자가 쓴 『대통령의 사람 쓰기』는 그런 시행착오들에서 공통점을 추출해 분석하고 개선책을 제시하는 데 초점을 맞췄다. 책 전반부는 지금까지 시도되지 않았던 대통령의 인사 시스템 분석이어서 풍부한 정보를 준다. 후반부에 소개한 막후 실세들의 인사 개입 비사는 한국 현대사의 흐름과도 연결되면서 흥미를 제공한다.

윤석열 정부는 인재 발굴 기준과 시스템을 역대 정부와 전혀 다른 방향으로 정립하고 있다. 인사 원칙은 철저한 능력주의, 실무형 전문가 중심이다. 성별과 지역을 고려하는 균형 인사를 인위적으로 하지 않고, 논공행상도 배제한다. 또 다른 시행착오를 겪을 수도 있지만, 대통령의 인사 기준에서 과도한 정무적 판단을 제외하는 신선한 시도임에 분명하다.

_ 임태희(이명박 정부 3대 대통령실장 · 윤석열 대통령 당선인 특별고문)

대통령의 인사를 보면, 그의 성향과 정치 스타일, 용인술, 국정 철학을 모두 파악할 수 있다. 요컨대, 대통령 리더십의 성패는 인사에 달려 있다. 그래서 인사는 만사(萬事)라고 아무리 외쳐도 인사 잘못해서 '만사(萬死)'가 되는 대통령들이 너무나 많다. 새롭게 출범한 윤석열 정부도 인사정책(탕평 인사와 능력 인사)만 잘해도 숱한 난관들을 잘 헤쳐나

갈 수 있을 것이다. 그런 점에서 우리나라 역대 대통령들의 인사 문제를 집중적으로 다룬 『대통령의 사람 쓰기』는 새 정부에 아주 시의적절한 인사 지침서가 될 것 같다.

그동안 대통령의 인사권 행사와 관련한 책과 연구가 더러 있었지만 대개는 한 정권에 국한된 내용이었다. 반면, 이 책에서는 역대 모든 대통령의 인사 이야기를 총망라했다. 이 책에 소개된 인사권 행사 사례들은 마치 곁에서 지켜본 듯 실감 나고 흥미진진하다.

이 책은 청와대 인사 시스템의 변천 과정과 문제점 등을 조목조목 체계적으로 짚었다는 점에서도 새 정부에게 좋은 참고가 될 것이다. 저자는 3개 정권에 걸쳐 청와대를 출입한 기자의 경험과 시각을 토대로 역대 정권마다 있었던 비선 실세들의 인사 주도권 싸움을 드라마틱하게 다루었다.

아울러 대통령의 인사권 오·남용이 우리 역사에 어떤 영향을 미쳤는지 10개 명장면을 통해 예시하고 경각심을 일깨우고 있다. 이 책은 윤석열 대통령 당선인뿐만 아니라 정부와 공공기관, 나아가 기업의 인사 담당자들이 읽어도 많은 도움이 될 것이다.

_ 최진(대통령리더십연구원 원장·세한대학교 대외부총장)